QUERO SER DO BEM

Ética na escola

Coleção
Formação
Humana
na Escola

Márcia Botelho Fagundes

QUERO SER DO BEM
Ética na escola

2ª edição

Copyright © 2004 by Márcia Botelho Fagundes

CAPA
Jairo Alvarenga Fonseca
(sobre a pintura *Geopoliticus Child Watching the Birth of the New Man,*
1943 – Salvador Dali Museum, foto de Hans Kaczmarek)

EDITORAÇÃO ELETRÔNICA
Waldênia Alvarenga Santos Ataíde

REVISÃO
Rosemara Dias dos Santos

Fagundes, Márcia Botelho

F156q   Quero ser do Bem/Márcia Botelho Fagundes. 2 ed. – Belo
Horizonte : Autêntica, 2006.

144 p. – (Relações humanas na escola, 7)

ISBN 85-7526-106-1

1.Ética. 2. Cidadania. I.Título. II. Série.

CDU 171

342.7

2006

Todos os direitos reservados pela Autêntica Editora.
Nenhuma parte desta publicação poderá ser reproduzida,
seja por meios mecânicos, eletrônicos, seja via
cópia xerográfica sem a autorização prévia da editora.

Belo Horizonte
Rua São Bartolomeu, 160 – Nova Floresta
31140-290 – Belo Horizonte – MG
Tel: (55 31) 3423 3022 –
TELEVENDAS: 0800 2831322
www.autenticaeditora.com.br
e-mail: autentica@autenticaeditora.com.br

São Paulo
Rua Visconde de Ouro Preto, 227 – Consolação
01.303.600 – São Paulo/SP - Tel.: (55 11) 3151 2272

Sumário

Palavras iniciais..........9

I. Introdução..........11

II. Auto-estima..........15

III. Justiça..........29

IV. Solidariedade..........57

V. Liberdade..........79

VI. Paz..........105

VII. Quero ser do bem..........131

Sugestão de filmes..........135

Referências e bibliografia consultada..........139

A autora..........143

No princípio
o universo se chamou
Ternura
e a solidão não existia.

O espírito das coisas
tinha nome
Porque todas as coisas
tinham espírito
e em constante comunhão
dançavam os espíritos
na tarde e na manhã.

O peixe e a formiga
se beijavam
unidos
bebiam água o homem e o tatu
a rocha e as estrelas
organizavam festas em silêncio.

A mãe – terra
era o lugar comum
da fantasia.

Paulo Gabriel

Palavras iniciais

Na convivência diária com jovens, adultos, alunos, professores e amigos, em conversas informais ou no contato com a mídia, tenho ouvido com freqüência a seguinte expressão:

– "Ele(a) é do Bem! Você não o(a) conhece direito. Ele(a) não seria capaz de falar isto, de agir assim...", fulano(a) é "do Bem" e, portanto, não se comportaria desta ou daquela maneira, não teria essa atitude..."

Comecei a observar com mais cautela e atenção esses diálogos e refletir sobre que significados, que sentidos guardavam essa expressão. E foi com enorme satisfação que constatei que ser "do Bem" significa ser ético!

Um processo de mudanças está acontecendo nos dias de hoje. Percebo que as pessoas, de um modo geral, querem ser mais virtuosas, desejam melhorar a convivência consigo mesmas e com os que as cercam; estão procurando pensar e agir de forma mais fraterna, mais justa.

Ser ético, ser "do Bem", ao contrário de "ser esperto", começa a ser valorizado, a ser um valor para algumas pessoas;

no sentido que ser ético é valorizar-se, é ter boa auto-estima, é também valorizar a vida em todas as suas formas, começando, inclusive, pela preservação do nosso planeta Terra.

Durante estes últimos anos, desenvolvendo meu trabalho como psicóloga, seja ministrando oficinas, palestras, seja em contato com educadores ou mesmo com outros segmentos, várias pessoas me indagam sobre a possibilidade de dar continuidade à elaboração de mais livros que tratem de valores éticos à luz da reflexão, da razão e da investigação, ou seja, que trabalhem com a razão, a sensibilidade e a ação. Transcorrido um bom tempo que chamo de gestação – rico de idéias, de muito estudo e experimentações – e, principalmente, colhendo resultados positivos após a divulgação do meu último livro, *Aprendendo valores éticos*, resolvi avançar nessa discussão sobre ética e publicar agora *Quero ser do bem*.

Talvez seja um desejo utópico o de ver crescendo a legião dos que querem "ser do Bem". Crianças, jovens e adultos que se esforcem para cooperar, viver em paz, ser justos, solidários e que saibam usar a liberdade com consciência e responsabilidade. Pessoas que permitam abrir-se a valores que vão além da moral convencional, da cultura, dos costumes que as rodeiam. Todavia, foi exatamente a partir dessa crença antiga – a crença no poder dos homens de provocar transformações, de operar mudanças e, conseqüentemente, pensar, sentir e agir eticamente – que embalei este livro.

Ele não traz receitas de bom comportamento; de forma alguma pretende fazer que os alunos fiquem mais "bonzinhos", obedientes e nem pretende ser moralista. Mas tem a intenção de trazer a discussão sobre os valores éticos para o cotidiano de alunos e educadores, com leveza e consistência. É um convite prazeroso, para que todos juntos possam redimensionar seus valores e buscar uma vida mais humanizada para si mesmos e para os outros.

Introdução

O homem não pode ser herdado, nem vendido nem tão pouco presenteado. O homem não pode ser propriedade de ninguém, porque ele é e deve permanecer propriedade de si mesmo.

Leipzig

O século XXI se descortinou com os homens em guerra, como sempre estiveram desde os primórdios da humanidade. Os motivos são sempre os mesmos: vão desde a intolerância religiosa à ambição por acumulação de riquezas. As injustiças sociais permeiam nossas sociedades; a fome, a miséria ainda são o retrato mais fiel de inúmeras nações. A violência cresce vertiginosamente nos lares, nas cidades, nos estados, no "mundo globalizado". Às vezes tem-se a impressão que o que está sendo "globalizado" são exatamente o padecimento e a miséria humanos. É fato que não progredimos moralmente, não crescemos eticamente na mesma proporção dos avanços tecnológicos.

Há um consenso de que vivemos uma crise de costumes... que é mundial, mas, ao mesmo tempo, particular e pessoal, vivida no âmbito da família e da sociedade.

Os educadores, as instituições de ensino público e privado, visando a uma prática mais construtiva, têm inserido a Ética, que é uma disciplina filosófica, na grade curricular para uma educação de valores. A Ética cumpre o papel de ser um caminho, um farol que ajude professores e alunos na busca de conhecimentos para que possam refletir sobre o sentido da vida. A inclusão dessa temática também é fundamental para nós educadores repensarmos sobre que homens e cidadãos são esses que temos formado nas últimas décadas e por quais valores são sustentadas suas ações na sociedade. O que faz a existência ter sentido para cada um de nós? Projetos educacionais, através das escolas, estão permitindo que as reflexões sejam mais profundas, oferecendo instrumentos de investigação para uma maior percepção da vida, uma percepção menos superficial, menos descartável. São indagações sobre a vida, sobre o estar no mundo, em que as respostas nunca são as mesmas. São relativas, requerem algum tempo para serem processadas, exigem trabalho interior de autoconhecimento e de descobertas que muitas vezes provocam angústia e dor.

Diante do imediatismo do mundo atual, das soluções mágicas e rápidas que a sociedade nos exige, da sedução do dinheiro que nos impele ao consumo com promessas de felicidade... diante de tantas mudanças rápidas no comportamento dos jovens, provocadas pelos modismos e pelos avanços da tecnologia, as escolas e os educadores estão diante de um desafio permanente, de uma tarefa árdua: a de mobilizar nos estudantes inquietações, indagações, conhecimentos de pontos de vista diversos e, por que não, mudanças para a busca de outras referências para serem felizes. Uma felicidade que seja construída, respeitando a subjetividade, o mundo interior e único de cada um, com seus valores e desejos próprios.

A Ética também pode ser entendida como um conjunto de valores que permitem ao homem viver, conduzir-se e comportar-se de forma harmônica. Dentro dessa compreensão, as pessoas devem ser consideradas como um fim em si mesmas e não como um meio para outras causas e interesses. A vida e a paz são os dois macrovalores que dão sustentação aos demais. Os atentados contra a vida – valor básico – continuam. A guerra é o exemplo mais gritante de que os "bons fins", por mais louváveis que sejam os motivos, não justificam os meios. E a paz, como outro macrovalor, é violada pela guerra. Será que, diante desses acontecimentos, o ser humano está sendo considerado como um fim em si mesmo?

A partir dos dois macrovalores vida e paz, podemos incluir os valores pessoais, os valores transcendentes (que se referem às crenças religiosas) e os valores ético-sociais (relacionados à convivência democrática e harmoniosa).

No livro anterior, *Aprendendo valores éticos*, tratamos basicamente dos seguintes valores ético-sociais: amizade, respeito, responsabilidade, cooperação e diálogo.

Agora, em *Quero ser do bem*, completa-se o círculo dos valores ético-sociais essenciais, básicos, como justiça, solidariedade, liberdade e paz, para se viver como indivíduo e cidadão do mundo. Aquele que conseguir se dedicar, se dispor a entender, a respeitar, a comprometer-se com o exercício contínuo e diário desses valores pode se considerar preparado, equipado, fortalecido e esperançoso para um futuro melhor entre os seus companheiros humanos. Quem sabe o tempo, o momento do nascimento do novo homem, que Salvador Dalí retratou com imagens tão magníficas, não seja esse, de hoje, de agora?!

A auto-estima está incluída, mesmo sendo um valor ético-pessoal. A educação desse valor é possível. As pessoas podem e precisam saber o quanto são capazes de auto-realização, de participação ativa em seus processos de transformação e desenvolvimento pessoal. A visão que o indivíduo tem de si mesmo é fundamental como força propulsora na aquisição de habilidades, competências que a capacitam para enfrentar e desfrutar da vida. A auto-estima saudável implica no sentimento positivo de identidade e é ferramenta indispensável ao indivíduo, para lidar com o inesperado e enfrentar as adversidades inerentes ao viver. Serve de sustentação para que ele possa se ver e interagir no mundo, com mais coragem e confiança em si mesmo.

Na nossa sociedade contemporânea, clamores de justiça ecoam de todos os cantos da Terra. Para o senso comum, o sentido do que é justo ou injusto, legal ou ilegal, na maioria das vezes, é muito confuso! As pessoas se sentem cada vez mais lesadas e prejudicadas em seus direitos. De deveres, poucos se lembram. Mais do que nunca é hora de esclarecer, facilitar o entendimento do sentido do valor justiça. Numa sociedade democrática, busca-se a justiça social, ou seja, que todos possam fazer jus, ter acesso às condições mínimas de sobrevivência. Para se construir uma sociedade baseada nos direitos humanos individuais e coletivos, é necessária uma maior clareza sobre o que é justiça, seu exercício e prática, diante das situações que se apresentam no dia-a-dia.

A importância da educação para a solidariedade está em ampliar este conceito e fazer com que as pessoas entendam que somos uma só espécie: seres humanos que têm direito à dignidade. Todos os países, pobres ou ricos, possuídos de riquezas naturais ou não, com diferenças culturais, religiosas ou não, precisam se dar as mãos porque são humanos habitando e utilizando o planeta como uma grande casa global. Por isso mesmo deve existir uma interdependência entre as nações, apesar de todas as diferenças, para que a possibilidade de dignidade seja proporcionada também globalmente. Esse é o ideal do projeto da educação para a solidariedade.

Auto-estima

Tenho medo de lhe dizer quem sou porque,
se eu lhe disser quem sou, você pode não
gostar, e isso é tudo que eu tenho.

John Powell

A palavra auto-estima deriva do grego *auto*, que significa por si próprio, de si mesmo, e *estima*, que pode ser entendida como consciência da própria dignidade. Portanto, auto-estima é compreendida como o apreço, a consideração e o respeito por si próprio. Auto-estima é a percepção pessoal, é o que eu penso e sinto sobre mim mesmo.

Pode-se dizer que a auto-estima é a soma de dois sentimentos: o sentimento de valor pessoal e o sentimento de competência pessoal. Valor pessoal envolve o respeito e a defesa dos próprios interesses e necessidades. Aquele que tem o sentimento do valor pessoal acredita que pode ser amado, que tanto ele como a sua existência têm valor, têm importância.

Já a competência pessoal é o sentimento que a pessoa tem a respeito da própria capacidade de lidar com os desafios que a vida oferece, de resolver e enfrentar problemas. É sentir-se capaz de conduzir a si mesmo e intervir no ambiente em que vive com competência, tendo sempre algo a oferecer aos outros.

Só eu mesmo posso gerar essa experiência de me julgar adequado à vida, de me sentir competente, de confiar em mim mesmo. De todos os julgamentos que fazemos, o mais importante é esse: que valor atribuímos a nossa pessoa. Esse valor pessoal tem influência direta sobre a maneira como nos comportamos, como vivemos todos os aspectos da nossa vida. Ele interfere na escolha dos amigos, na escolha amorosa, na convivência com os outros, nas relações de trabalho, nos estudos e até mesmo na criatividade. A pessoa com auto-estima saudável é aquela que convive bem com suas características físicas e psicológicas, se permitindo fazer mudanças quando forem possíveis e necessárias. Torna-se, assim, capaz de enfrentar os desafios que a vida lhe impõe.

A auto-estima se constrói a partir da qualidade nas relações com as pessoas mais próximas e significativas com as quais convivemos, tais como familiares, amigos e educadores, acrescida das experiências, vivências e sentimentos que se produzem durante toda a vida. É na infância e na adolescência que a aquisição da auto-estima é mais intensa. O valor pessoal, o auto-respeito, a autoconfiança e a competência pessoal podem ser incentivados, estimulados ou prejudicados pelos adultos. Dependendo da maneira como somos tratados, se com respeito, se amados, valorizados e encorajados a confiar em nós mesmos, teremos ou não uma auto-estima saudável.

No entanto, não somos apenas produto do meio, das pessoas com as quais convivemos. Como adultos também podemos e devemos influir, participar, trabalhar na construção da nossa auto-estima saudável.

LEITURA ILUSTRATIVA

Eu comigo aqui e agora

Geraldo Eustáquio de Souza

Amar o que eu sou
Todo *indivisível* que constitui o ser
e o acontecer do meu corpo
no espaço e no tempo.

Amar as coisas que eu estou fazendo
e o modo como eu as faço.

Amar as minhas limitações,
como amo as minhas possibilidades
e nos meus acertos e erros
amar o meu projeto que vai se transformando em obra
no trabalho da construção de mim mesmo.

Amar-me como eu estou *aqui* e *agora*.
vivendo a vida simplesmente,
naturalmente
com o ar que eu respiro
o chão que eu piso
as estrelas que eu sonho.

Às vezes gostar de mim é um desafio
uma prova de fogo
que revela se eu realmente me amo
ou apenas finjo amar-me.

Gostar de mim na perda
quando a vida me fecha uma porta
sem nenhum aviso ou explicação.

Gostar de mim quando me comparo com os outros,
quando me avalio pelos padrões estabelecidos
de sucesso, beleza, inteligência, poder,
deixando de amar o que eu sou
em nome daquilo que me falta
ou daquilo que me sobra
em relação ao meu semelhante.

Gostar de mim quando erro
quando fracasso
quando não dou conta
quando não faço bem feito
e ainda encontro quem me critique
ou zombe de mim por eu ter sido
apenas o que eu sou:
– limitado, vulnerável, imperfeito, humano.

Gostar de mim no fundo do poço,
cabeça a mil,
coração a zero,
e ainda assim ser capaz de ouvir e de respeitar
as referências do meu próprio corpo
como um amigo fiel, atento e carinhoso.

....

Eu me relaciono com as outras pessoas
do mesmo modo como eu me relaciono comigo.
Se eu me amo, não sei te odiar
Se eu me odeio, não sei te amar
Se eu me desprezo, não sei te respeitar
Se eu me respeito, não sei te desprezar

Como eu te aceitar, se eu me rejeito?
Como eu te rejeitar, se eu me aceito?

Celebro no amor a mim mesmo
o nascimento do amor pelo meu próximo.

SOUZA, Geraldo Eustáquio de. *Eu comigo aqui e agora.*
4. ed. Belo Horizonte: Cia. Para Crescer, 1989.

SUGESTÃO DE ATIVIDADE – I

Objetivos:

- Refletir sobre a auto-estima.
- Ressaltar as diferenças individuais e a sua importância para as pessoas.

Procedimentos:

a) Escolha um horário apropriado para essa atividade que demanda mais de um horário/aula para ser realizada.

b) O educador(a) solicita aos alunos que escolham em casa um retalho e entreguem para ele(a).

c) O educador(a) deve confeccionar um tapete com os retalhos, da maneira como foram entregues (amarrotados, sujos, rasgados, pequenininhos, grandes, etc.)

d) No dia da atividade, o educador(a) deve colocar o tapete estendido na sala, no melhor local, para ser visto e apreciado inicialmente.

e) O educador(a) solicita que os alunos caminhem lentamente sobre o tapete, ao som de uma música (sugestão: CD *Symphony of the Ocean* – Nature Melodies/Collection Sugestões, faixas n. 1, 6 ou 9), observando-o.

f) Durante a caminhada sobre o tapete, os alunos identificam os seus retalhos e, a partir desse momento, iniciam suas apresentações pessoais. A pergunta é: "quem sou eu?".

g) O educador(a) se incumbe de organizar a ordem das apresentações e estimular para que todos participem.

Os alunos devem manifestar o que sentiram quando viram o seu retalho, como se sentiram aqueles que não trouxeram o retalho e o que significa o retalho do tapete para cada um.

————————————LEITURA ILUSTRATIVA————————————

Tem gente que se acha um horror quando se olha no espelho...

Maria Tereza Maldonado

Vive brigando consigo mesma, com a maior dificuldade de reconhecer a própria beleza e descobrir as próprias qualidades. Olha para si e só vê o que está torto, com defeito, funcionando mal.

Só que isso nem serve para procurar melhorar ou corrigir. Só serve para se lamentar e se sentir infeliz: "Por que não tenho o nariz que nem o da fulana?"; "Por que não sou tão inteligente quanto meu irmão, que nem estuda para as provas e tira notas ótimas?"; "Que droga, vovô tem olho azul e eu nasci com esse olho castanho que todo mundo tem...".

A pessoa fica se comparando com as outras, e vai crescendo a raiva, a tristeza e a inveja por achar que os outros têm coisas bem melhores do que ela. Essa inveja pode crescer tanto que a pessoa passa a atacar e a fingir que desvaloriza os outros, tentando diminui-los para não se sentir por baixo...

Enquanto ficar se comparando com os outros, nessa base de quem-tem-mais-quem-tem-menos, vai ser difícil sair do lugar. Vai continuar se roendo de inveja, raiva e desprezo nessa competição sem fim. Se a dor de se sentir um horror ficar forte demais, pode até se anestesiar fingindo que se acha o máximo, linda e maravilhosa. A inveja fica escondida pelo orgulho e pela arrogância e a pessoa empina o nariz para tentar mostrar que está acima de todo mundo...

Como é difícil se ver como a gente é! É um longo trabalho de pesquisa, que exige muita paciência e persistência. Ah, e também muita coragem para ver o que precisamos corrigir, desenvolver e melhorar.

E haja disposição para trabalhar tudo isso!

....

Cada pessoa é como um diamante que precisa ser lapidado.

A lapidação é um trabalho que exige sabedoria, precisão e paciência.

Cada pessoa é um diamante, que vem ao mundo em estado bruto: o trabalho de cada um de nós é descobrir como se lapidar para se transformar numa pedra preciosa de muito valor.

Nascemos e crescemos com determinadas características: mais explosivos, mais impacientes, tímidos, egoístas, intolerantes, malvados, irritadiços, medrosos ou impulsivos.

No decorrer da vida, muitas pessoas, situações e acontecimentos participam ativamente desse processo de lapidação: os pais e os familiares que nos influenciam, o grupo social que nos encoraja ou nos oprime, o ambiente de estudo e de trabalho que nos exige, amolda, direciona...

O que temos em excesso que precisamos abrandar? O que nos falta que precisamos desenvolver ou expandir?

É preciso que cada um de nós pense assim: qual será o trabalho de lapidação necessário para mim para que eu me coloque no caminho do equilíbrio interior, que vai me proporcionar paz, harmonia, serenidade e força?

Esse é um trabalho de vida inteira; é para crianças, jovens, adultos e velhinhos. E que ninguém se iluda: esse trabalho é cansativo e, às vezes, dói bastante! Mas é o que nos permite atravessar os períodos difíceis sem nos quebrar por dentro e o que nos permite viver com mais alegria os períodos fáceis.

MALDONADO, Maria Tereza. *Histórias da vida inteira.* 7. ed. Saraiva: São Paulo, 2001, p. 63 e 111.

SUGESTÃO DE ATIVIDADE – II

Objetivos:

- Ampliar o conhecimento de si mesmo e aprender a ver o lado positivo de cada situação.

Procedimentos:

a) Entregue para cada aluno uma folha com a seguinte lista:

A situação menos digna:

Não é	É
• Ter problemas.	• Não buscar soluções.
• Ter fracassos.	• Não continuar a luta.
• Cair com freqüência.	• Não se levantar com freqüência.
• Ter sido rejeitado.	• Não continuar pedindo.
• Ter sido traído.	• Não ter sido perdoado.
• Ter falhado.	• Não tentar outra vez.
• Ter limitações.	• Não continuar progredindo.
• Ser feio.	• Não embelezar a vida.
• Perder alguma coisa.	• Perder o entusiasmo.
• Ter perdido os amigos.	• Não buscar outros.
• Cometer erros.	• Não aceitar erros.
• Não ser compreendido.	• Não compreender os outros.
• Não se sentir amado.	• Não se amar e não amar.

b) Deixe que os alunos leiam o texto, reflitam por algum tempo e encontrem situações cotidianas em que vivenciaram alguma ou algumas das situações da lista.

c) Convide os alunos que quiserem a se manifestarem sobre como se sentiram com o exercício. Podem também fazer outras reflexões pertinentes.

---LEITURA ILUSTRATIVA---

O corvo e os pavões reais

(Adaptado de Esopo)

Um corvo vaidoso estava cansado das suas penas pretas. Sentia inveja de muitos pássaros, mas sobretudo dos pavões reais pelas suas vistosas cores.

Um dia, tomou uma decisão: "Se eu recolher as penas que caem dos pavões, posso passar por pavão real. Não quero mais ser como os corvos negros e feios! Olhem que bonito que estou com esta roupagem!"

Os pavões deram conta imediatamente que era um intruso, pois vestia como eles mas não era igual a eles, nem tinha os hábitos dos pavões. Era um tipo ridículo, desprezado e desprezível. Deste modo, arrancaram-lhe as penas e encheram-no de bicadas.

O corvo, vendo-se tão maltratado, meio morto e cheio de vergonha, voltou para os seus. Mas também eles o desprezaram e o expulsaram.

Sozinho no mundo, viajou, observou e pensou muito. Dedicou-se a entrevistar todos os pássaros. Em toda a parte havia gente muito feliz e descontente. Um dia, encontrou-se com um pavão real que tinha querido tornar-se corvo porque estava muito desgostoso com tanto colorido e com tanta fantasia.

Passados alguns anos, pediu humildemente aos corvos que o aceitassem. Depois de o ouvirem, aceitaram-no com a condição de se dedicar a preparar os corvos mais novos para que aprendessem a valorizar o que são e o que têm.

FRANCIA, Alfonso & OVIEDO, Otília. *Educar através de fábulas*.
Portugal: Paulus Editora, 1998, p. 71.

SUGESTÃO DE ATIVIDADE – III

Objetivos:

- Proporcionar ao grupo de alunos um maior autoconhecimento, compartilhando seus pensamentos e sentimentos.
- Refletir e identificar as competências e/ou qualidades pessoais.

Procedimentos:

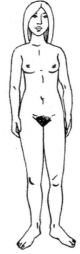

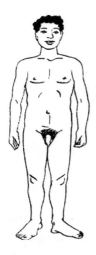
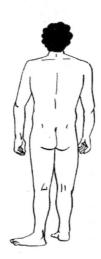

a) Distribua cópias com o desenho do "ser humano perfeito", acompanhado da seguinte pergunta:

– Alguma vez você desejou parecer com alguém? Com quem? Porquê? Para quê?

– Agora faça uma lista das qualidades, atitudes ou comportamentos admiráveis dessa pessoa.

b) O aluno deve escrever em cada parte do corpo humano o nome de uma pessoa que ele julga ter essa parte perfeita ou invejável.

c) Cada aluno vai anotar o que gostaria de mudar em si mesmo e quais características, comportamentos ou "maneira de ser" que não gostaria de mudar.

d) Os alunos, individualmente, escolhem uma qualidade pessoal que acreditam possuir e um atributo físico que acham bonito em si mesmos, para partilhar com todo o grupo.

Os alunos são convidados a falar sobre o que sentiram e acharam da atividade feita.

―――――――――LEITURA ILUSTRATIVA―――――――

Quanto valho?

Moacyr Scliar

"Não vou negar, senhor delegado: eu forjei, sim, o meu seqüestro. Inventei a história toda, fiz até papel de seqüestrador. Que não dou para a coisa, o senhor está vendo: aqui estou eu, preso.

Mas há uma ou duas coisas que posso dizer acerca disso. Veja bem, não estou querendo escapar da responsabilidade.

Quero só explicar. A minha explicação certamente surpreenderá o senhor, mas peço que a ouça.

Não era o dinheiro, senhor delegado. Ou melhor, era o dinheiro, mas não era só o dinheiro. Era também a auto-estima. O senhor perguntará: mas o que tem auto-estima a ver com seqüestro? Tem muito a ver, senhor delegado, tem muito a ver. No meu caso, tem muito a ver.

Você não vale nada. Essa frase me acompanhou por toda a vida. Quando eu era criança, e roubava doce, meu pai me dizia, irritado: você não vale nada. Quando os professores me surpreendiam colando no exame – e eu tinha de colar, era a única forma de obter uma boa nota – me diziam: você não vale nada. Os amigos, as namoradas, os clientes, todo mundo repetia: você não vale nada. Isso acabou por me afetar, por destruir a minha auto-estima. Será mesmo que não valho nada, eu me perguntava. E, enquanto eu não conseguisse uma resposta, minha vida não teria sentido.

Aí me ocorreu a idéia do seqüestro. Eu queria saber quanto a minha família, os meus amigos estavam dispostos a pagar por mim. Não era só pelo dinheiro. Claro, era também pelo dinheiro, mas era muito mais a questão da auto-estima.

Infelizmente, o plano fracassou. Mas eu quero ser levado a julgamento, senhor delegado. Quero saber a quantos anos serei condenado. Multiplicando esse tempo pelo que custa um preso, terei uma resposta, ainda que aproximada, à pergunta que há tanto tempo me inquieta: quanto, afinal, valho?"

SCLIAR, Moacyr. *O Imaginário – cotidiano.*
São Paulo: Global Editora e Distribuidora Ltda, 2001.

SUGESTÃO DE ATIVIDADE – IV

Objetivo:

• Sensibilizar educadores, pais e colegas para a responsabilidade que têm na construção da auto-estima saudável dos seus alunos, filhos e colegas.

Procedimentos:

a) Mobilize os educadores e os alunos para que organizem na escola a Campanha da Auto-Estima. A família do aluno deve ser convidada.

b) Comece espalhando cartazes pela escola com os dizeres: "Quanto valho?", "Você tem valor pessoal?"

c) Tenha como meta, durante a Campanha, estimular o elogio verdadeiro, que é a alavanca para uma auto-estima saudável. Valorize o que o outro tem de bom, qualidades, virtudes, competências. Manifeste, demonstre admiração, apreço, verbalmente ou por escrito, mas expresse!

d) Use muita criatividade!

Justiça

> *Se alguém acha a vida injusta, deve tomar cuidado. Somos nós, e não a vida, que temos que ser justos.*
>
> Luiz Alberto Py

Justiça é a atitude moral ou a vontade de dar a cada um o que é seu. O termo "cada um" já pressupõe que a justiça envolva a figura do outro. É a virtude da eqüidade, da medida, da igualdade. A justiça se faz necessária, presente, quando os bens não são distribuídos igualitariamente ou quando o custo de alguma coisa recai apenas sobre um ou alguns. A justiça como valor ético-social serve de base para outros valores e significa, basicamente, igualdade e liberdade, mas também ser justo é ser tolerante e pacífico. Sem justiça não há paz, cooperação, solidariedade, etc. O senso de justiça é a exigência para que situações iguais sejam tratadas com medidas iguais, e situações diferentes sejam tratadas com medidas diferentes. Dessa forma, a atitude justa leva em conta também as diferenças que caracterizam os indivíduos.

Desde a Grécia antiga a ética tem sido entendida como "o caminho para a felicidade". Na verdade, a justiça é condição necessária, mesmo que não seja a única, para essa felicidade. A justiça proporciona os requisitos coletivos necessários para que cada indivíduo busque a sua própria felicidade e assim seja construída uma "felicidade coletiva". Sabe-se que não existem regras universais para que o ser humano seja feliz. Mas, cada um é feliz ou procura ser à sua maneira. Entretanto, é muito difícil ser feliz quando se vive na condição de escravo, de miserável, de marginalizado, sem a possibilidade de construção da auto-estima.

A concepção mais moderna de justiça está baseada no chamado "Estado de bem-estar". Significa que uma sociedade bem organizada tem que se guiar por três grandes princípios de justiça. Primeiro: liberdade igual para todos. Liberdade de pensamento, de expressão e de relações. Segundo: igualdade de oportunidades. A sociedade deve se organizar de tal forma que possa oferecer a todos os que nela convivem, oportunidades iguais de trabalho, de moradia, de segurança e de saúde. O terceiro princípio é o da diferença. De acordo com esse princípio, o Estado, como representante de uma sociedade, deve favorecer com sua renda quem mais necessite e não tenha acesso às necessidades básicas. O governo, o Estado, arrecada os impostos e com eles planeja e executa projetos que facilitem, que beneficiem as pessoas mais carentes. É uma sociedade em que o Estado tem direito de cobrar tributos, mas deve redistribuir a renda de maneira a permitir que todos tenham acesso a uma pequena porção dos bens básicos: materiais, econômicos, culturais, educacionais e condições para se desenvolver uma auto-estima saudável.

Quando tratamos de Justiça e Direito Natural, usamos os termos "justo" ou "injusto". Mas quando as leis são escritas, falamos do Direito Positivo, e o termo usado é "legal" ou "ilegal". Legal, no uso jurídico, se refere à lei positiva e não à lei natural. Pode acontecer de uma medida legal ser injusta. As leis que existem tomam como base a noção, os princípios que podemos ter sobre justiça.

O Direito Positivo é o conjunto de regras ou leis escritas que regem as relações sociais das pessoas em uma sociedade. Esse Direito Positivo é construído e usado numa tentativa de se resolver as discórdias entre as pessoas envolvidas quanto ao que deve ser justo. Existe uma discussão antiga entre as leis escritas ou Direito Positivo – legal e ilegal – e as leis não escritas, Direito Natural, que trata do justo ou injusto. No nosso País, a justiça se faz usando o Direito Positivo, as leis escritas. Os julgamentos são feitos e se norteiam de acordo com a legislação de cada cidade, estado, país.

Bem, como se pode observar, o sentido de justiça como valor ético trata do que é justo ou injusto. É uma questão de reflexão, de consciência, em que se considera o que cabe a cada um, de acordo com os direitos naturais e com as relações entre as pessoas. Porém, nem sempre o que pensamos, ou achamos ser o mais justo, é legall, quer dizer, coincide com as leis da comunidade em que vivemos.

É importante ressaltar e acrescentar aqui que existem também muitos julgamentos que são feitos, que acontecem no dia-a-dia, e que envolvem a comparação de objetos ou situações entre si. Nesses casos, usamos o recurso dos CRITÉRIOS como base de referência para fazermos melhores escolhas ou julgamentos. Quando se avalia se um determinado eletrodoméstico é bom ou não, o órgão que tem a função de fiscalizar o produto confere o aparelho, ou os aparelhos, de fabricantes diferentes e faz a comparação, segundo CRITÉRIOS padronizados. Podemos tomar como exemplo as escolas de samba do Rio de Janeiro que desfilam no Carnaval. A comissão julgadora, que elege a escola campeã, recebe uma lista padronizada com CRITÉRIOS, que determinam os quesitos que devem ser considerados e observados em todas as escolas para que se faça o julgamento e a escolha.

Então os CRITÉRIOS servem como base para julgamentos sobre determinado assunto ou fato.

Como podemos julgar as pessoas, fora dos tribunais, nas suas atitudes, nas relações entre colegas de trabalho, entre colegas de estudo, entre grupos de amigos, em família? Com que CRITÉRIOS? Na maioria das vezes, tecemos julgamentos confiando demais só nas nossas crenças, preconceitos e percepções, sendo levados a cometer sérios enganos, disseminar boatos e criar situações no mínimo constrangedoras. Não existe fofoca isenta de malícia, inócua, sem veneno. A destrutividade contamina todos os espaços da convivência. O mal contagia, se propaga. Não faça do "fofoqueiro(a)" a sua marca pessoal. Reforce o que observar de positivo no grupo que o cerca, nos que estudam, se divertem e trabalham com você.

LEITURA ILUSTRATIVA

Dialética social do direito

Rossana Bisol

(Advogada; Membro do Núcleo de Estudos para a Paz e Direitos Humanos –NEP/Universidade de Brasília)

Tomando como tópico de discussão o valor "justiça", que diz respeito diretamente ao nosso tema, podemos estabelecer algumas reflexões esclarecedoras. Partindo de uma das mais conhecidas definições de justiça, a de Ulpiano, que afirma que "justiça é dar a cada um o que é seu", examinaremos a possibilidade de uma definição supra-histórica deste mesmo valor. Ora, o que observamos é que a definição de justiça dada por Ulpiano independe de qualquer relação com este ou aquele momento histórico. Entretanto, tal definição nada define de concreto a respeito do que é justiça, pois deixa em aberto a questão de saber qual é o seu de cada um.

Dar ao escravo a escravidão era a justiça do senhor de escravos, uma justiça certamente injusta para com os escravos, que lutavam pela sua "justa" liberdade. Afinal, qual é o valor mais importante para a definição de justiça nesta relação entre o senhor e o escravo? O de "propriedade" do senhor sobre o escravo ou o de "liberdade" que os escravos exigiam? Ora, só é possível definirmos esta controvérsia através de um juízo de valor, isto é, um juízo que estabeleça qual dentre os valores "propriedade" e "liberdade" é o mais importante para a definição de justiça. Tal juízo de valor trata-se de um juízo de índole subjetiva, pautado na consciência de quem o emite. Se buscássemos na consciência da coletividade social da época a solução para essa controvérsia, poderíamos optar por uma enquete dentre os senhores de escravos e seus afins, onde o valor preponderante certamente seria o de "propriedade" sobre o escravo. Por outro lado, esta mesma enquete realizada entre os escravos resultaria na afirmação do valor "liberdade". Em síntese, não há valor absoluto de justiça, mas sim valores historicamente determinados e, por vezes, coexistindo nas contradições intrínsecas às relações sociais de uma determinada época histórica.

Hoje, tal controvérsia entre senhor e escravo está superada, uma vez que a humanidade atingiu um nível de consciência histórica que afirma a injustiça de toda e qualquer forma de escravidão, isto é, a consciência de que a ninguém é lícito escravizar outrem. Entretanto, há formas muito mais sofisticadas de dominação, dominação de classes, grupos ou subgrupos, que estabelecem outros níveis de contradição social.

---LEITURA ILUSTRATIVA---

A Internacionalização do Mundo

Durante debate em uma Universidade, nos Estados Unidos, fui questionado sobre o que pensava da internacionalização da Amazônia. O jovem americano introduziu sua pergunta dizendo que esperava a resposta de um humanista e não de um brasileiro. Foi a primeira vez que um debatedor determinou a ótica humanista como o ponto de partida para uma resposta minha.

"De fato, como brasileiro eu simplesmente falaria contra a internacionalização da Amazônia. Por mais que nossos governos não tenham o devido cuidado com esse patrimônio, ele é nosso. Respondi que, como humanista, sentindo o risco da degradação ambiental que sofre a Amazônia, podia imaginar a sua internacionalização, como também de tudo o mais que tem importância para a Humanidade.

Se a Amazônia, sob uma ótica humanista, deve ser internacionalizada, internacionalizemos também as reservas de petróleo do mundo inteiro. O petróleo é tão importante para o bem-estar da humanidade quanto a Amazônia para o nosso futuro. Apesar disso, os donos das reservas sentem-se no direito de aumentar ou diminuir a extração de petróleo e subir ou não o seu preço.

Da mesma forma, o capital financeiro dos países ricos deveria ser internacionalizado. Se a Amazônia é uma reserva para todos os seres humanos, ela não pode ser queimada pela vontade de um dono, ou de um país. Queimar a Amazônia é tão grave quanto o desemprego provocado pelas decisões arbitrárias dos especuladores globais. Não podemos deixar que as reservas financeiras sirvam para queimar países inteiros na volúpia da especulação.

Antes mesmo da Amazônia, eu gostaria de ver a internacionalização de todos os grandes museus do mundo. O Louvre não deve pertencer apenas à França. Cada museu do mundo é guardião das mais belas peças produzidas pelo gênio humano. Não se pode deixar que esse patrimônio cultural, como o patrimônio natural amazônico, seja manipulado e destruído pelo gosto de um proprietário ou de um país. Não faz muito, um milionário japonês decidiu enterrar com ele um quadro de um grande mestre. Antes disso, aquele quadro deveria ter sido internacionalizado.

Durante este encontro, as Nações Unidas estão realizando o Fórum do Milênio, mas alguns presidentes de países tiveram dificuldades em comparecer por constrangimentos na fronteira dos EUA. Por isso, eu acho que Nova York, como sede das Nações Unidas, deveria ser internacionalizada. Pelo menos Manhatan deveria pertencer a toda a Humanidade. Assim como Paris, Veneza, Roma, Londres, Rio de Janeiro, Brasília, Recife, cada cidade, com sua beleza específica, sua história do mundo, deveria pertencer ao mundo inteiro.

Se os EUA querem internacionalizar a Amazônia, pelo risco de deixá-la nas mãos de brasileiros, internacionalizemos todos os arsenais nucleares dos EUA. Até porque eles já demonstraram que são capazes de usar essas armas, provocando uma destruição milhares de vezes maior do que as lamentáveis queimadas feitas nas florestas do Brasil.

Nos seus debates, os atuais candidatos à presidência dos EUA têm defendido a idéia de internacionalizar as reservas florestais do mundo em troca da dívida. Comecemos usando essa dívida para garantir que cada criança do mundo tenha possibilidade de ir à escola. Internacionalizemos as crianças tratando-as, todas elas, não importando o país onde nasceram, como patrimônio que merece cuidados do mundo inteiro. Ainda mais do que merece a Amazônia. Quando os dirigentes tratarem as crianças pobres do mundo como um patrimônio da Humanidade, eles não deixarão que elas trabalhem quando deveriam estudar, que morram quando deveriam viver.

Como humanista, aceito defender a internacionalização do mundo. Mas, enquanto o mundo me tratar como brasileiro, lutarei para que a Amazônia seja nossa. Só nossa!"

BUARQUE, Cristovam (Este artigo foi publicado no *Globo* e no *Correio Brasiliense*, no final de 2000. O fato em si ocorreu em Setembro de 2000, em Nova York, durante o *State of The World Forum*).

SUGESTÃO DE ATIVIDADE – I

Objetivo:

• Sensibilizar os alunos sobre o valor "justiça", a eqüidade com relação a países desenvolvidos e subdesenvolvidos.

Procedimentos:

a) Leia o texto "A internacionalização da Amazônia".

b) Solicite aos alunos que expressem tudo que lhes ocorra sobre a leitura do texto.

c) Facilite o diálogo pedindo aos alunos que respondam às questões:

– Você, aluno, concorda que o texto poderia se chamar "O mundo para todos nós"? Justifique.

– Que outros títulos podem ser dados ao texto?

– O que você, aluno, entende por "Humanista"; que conceito é este?

– Analisar que relação existe entre a força e o direito nas relações internacionais entre países ricos e pobres.

SUGESTÃO DE ATIVIDADE – II

Objetivo:

- Conscientizar sobre a desigualdade de possibilidades socioeconômicas existente entre pessoas que vivem em um mesmo país.

Procedimentos:

a) Dividir os alunos da classe em grupos de, em média, seis alunos.

b) Entregar a cada grupo o modelo da casa a ser construída.

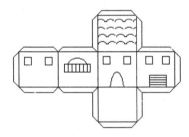

c) Distribuir o material para cada grupo da seguinte forma:

– Grupo I - Recebe duas folhas de cartolinas brancas, duas canetinhas hidrocor azuis, uma régua, uma tesoura de acordo com o número de participantes do grupo e um vidro de cola líquida.

– Grupo II - Recebe uma cartolina, duas canetinhas hidrocor azuis, duas réguas, duas tesouras e um vidro de cola.

– Grupo III - Recebe oito cartolinas e um vidro de cola.

– Grupo IV _ Recebe dez cartolinas e metade de um vidro de cola.

d) Assim que cada grupo receber o material, terá 30 minutos para fazer o maior número possível de casas bem acabadas.

e) Os grupos poderão negociar os materiais recebidos entre si. O que trocar e a quantidade ficarão a critério dos componentes dos grupos.

f) O grupo deverá eleger um relator, um representante que deverá ouvir o grupo, anotar as conclusões e comentários sobre a atividade após responder às seguintes perguntas:

- Vocês acharam a distribuição do material justa?
- Como cada grupo decidiu sobre a quantidade e quais materiais negociar?
- Quais as maiores dificuldades na execução da tarefa?
- Tentar relacionar a atividade vivida com a realidade, com o cotidiano de pessoas que têm trabalhos e salários diferentes.

———————————LEITURA ILUSTRATIVA———————————

Conflito familiar

Paulo vinha sentindo-se, há um bom tempo, preterido no ambiente familiar. Observando e pensando com mais clareza, ele se percebia mesmo era como vítima da injustiça dos pais. Inúmeras vezes, no dia-a-dia familiar. Paulo era tomado por esse sentimento ruim que só fazia aumentar e atrapalhar seus pensamentos também. Tudo começou com um pequeno desconforto, depois foi crescendo...

Quando viu a mãe chegando da rua com o irmão poucos anos mais velho e as chuteiras novas presenteadas... Ah! e ele, não ganharia nada? Aos seus olhos, vivia no prejuízo e isso era mesmo desde menino. Tinha também o caso daquela excursão de ciências para a reserva ecológica, como ele poderia esquecer, sem falar na "fortuna", que foi o pai mesmo quem disse ter custado o aparelho dentário de Tiago.

Ah, esse é o nome do sortudo... As vacinas que ele tomava, séries de tempos em tempos, para alergia, pura frescura! Em ano de vestibular então... quem sabe um carrinho usado, mais velho, mas conservado se passar de primeira e na UFMG, até os tios gostaram da idéia. E os pais insistiam em dizer-lhe que eram justos. Essa, não! Ele só queria a parte dele, igual!

Algumas vezes foi se queixar com a mãe, em tom bastante lamurioso. Outras vezes falou bravo, alto, revoltado mesmo.

A mãe, sempre muito atenta em ouvir o filho, preocupada e querendo ser justa, fez algumas ponderações. Perguntou a Paulo se ele queria ou necessitava de chuteiras para futebol, esporte que ele nem sequer interessava em praticar. Ele disse que não. Inquiriu sobre excursões que a escola dele não tinha oferecido. Lembrou-lhe dos dentes e arcada dentária linda que ele possuía e não necessitava assim de aparelhos; mostrou-lhe o quanto afortunado era de não ter alergias mais graves que envolvesse tratamentos mais constantes. A mãe recordou-lhe muitas outras circunstâncias de acidentes com relação ao irmão que envolveram gastos, mas Paulo continuava irredutível em suas percepções de injustiçado, alegando que ele, porque teve sorte de nascer com mais saúde, era obrigado a ficar no prejuízo.

A mãe, querendo ainda compreender e ser justa, falou a Paulo sobre suas necessidades em outros momentos, como o relógio do modelo sonhado, o gorro que a galera estava usando, o violão que ele tocava com dedicação, entre outras coisas que tinham sido oferecidas a ele. Afinal, que sugestão ele teria para encerrar de vez essa situação que estava gerando uma certa animosidade entre os irmãos e a preocupação constante dos pais de "dar a cada um o que é de cada um", de usar a medida da equidade. Paulo imediatamente sugeriu que todas as vezes que se gastasse com vacinas, óculos, aparelhos dentários e outros gastos em benefício do irmão, abrisse uma poupança para ele e depositasse o valor equivalente e vice-versa. Assim no futuro ele poderia usar do que fez jus como bem entendesse e o irmão também.

A mãe ficou pensativa, pediu um tempo para refletir e discutir a proposta com o pai.

SUGESTÃO DE ATIVIDADE – III

Objetivo:

• Desenvolver a capacidade de compreensão e reflexão crítica para ajuizar e resolver conflitos.

Procedimentos:

a) Atividade conduzida pelo educador(a).

b) Leitura do texto "Conflito familiar".

c) Reflitam e discutam o conflito considerando os seguintes pontos:

– As pessoas são diferentes, e, conseqüentemente, as necessidades também.

– A eqüidade é com relação às oportunidades iguais para todos, e cada um com suas diferenças, vai construir a própria vida a seu modo, no sentido de ter e do ser.

– Será que a "briga" de Paulo com a família não era amorosa? Na verdade Paulo estava precisando era de mais atenção e carinho? Às vezes esse sentimento de carência de afetos não é muito fácil de ser percebido pela pessoa e ela também não sabe se manifestar, ou não sabe pedir proteção e afago.

– Quatro pontos de vista considerando o papel da mãe:

• Se você fosse a mãe do Paulo, você acataria a argumentação dele?

• Se você fosse a mãe, você iria conversar com o pai porque ele é quem é o dono do dinheiro?

- Se você fosse a mãe, você faria uma reunião com o pai e os dois filhos para discutirem a melhor solução?
- Se você fosse a mãe, faria como no relato, conversaria com o pai e resolveriam só os dois, afinal vocês são os chefes da família?

d) Abra um amplo diálogo entre educador(a) e alunos. Ajude Paulo e sua família a encontrar a solução mais justa para todos.

LEITURA ILUSTRATIVA

O coração roubado

Marcos Rey

Eu cursava o último ano do primário e como já estava com o diplominha garantido, meu pai me deu um presente muito cobiçado: *O Coração*, famoso livro do escritor italiano Edmondo de Amicis, *best-seller* mundial do gênero Infanto-Juvenil. Na página de abertura lá estava a dedicatória do velho, com sua inconfundível letra esparramada. Como todos os garotos da época, apaixonei-me por aquela obra-prima e tanto que a levava ao grupo escolar da Barra Funda para reler trechos no recreio.

Justamente no último dia de aula, o das despedidas, depois da festinha de formatura, voltei para a classe a fim de reunir meus cadernos e objetos escolares, antes do adeus. Mas onde estava *O Coração*? Onde? Desaparecera. Tremendo choque. Algum colega na certa o furtara. Não teria coragem de aparecer em casa sem ele. Ia informar à diretoria quando, passando pelas carteiras, vi a lombada do livro, bem escondido sob uma pasta escolar. Mas... era lá que se sentava o Plínio, não era? Plínio, o primeiro da classe em aplicação e comportamento, o exemplo para todos nós. Inclusive o mais limpinho, o mais bem penteadinho, o mais tudo. Confesso, hesitei. Desmascarar um ídolo? Podia ser até que não acreditassem em mim. Muitos invejavam o Plínio. Peguei o exemplar e o guardei em minha pasta. Caladão. Sem revelar a ninguém o acontecido. Lembro do abraço que Plínio me deu à saída. Parecia estar segurando as lágrimas. Balbuciou algumas palavras emocionadas. Mal pude retribuir, meus braços se recusavam a apertar o cínico.

Chegando em casa minha mãe estranhou que eu não estivesse muito feliz. Já preocupado com o ginásio? Não, eu amargava minha primeira decepção. Afinal, Plínio era um colega que devíamos imitar pela vida afora, como costumava dizer a professora. Seria mais difícil sobreviver sem o seu exemplo. Por outro lado, considerava se não errara em não delatá-lo. "Vocês estão todos enganados, e a senhora também, sobre o caráter do Plínio. Ele roubou meu livro. E depois ainda foi me abraçar..."

Curioso, a decepção prolongou-se ao livro de Amicis, verdadeira vitrina de qualidades morais dos alunos de uma classe de escola primária. A história de um ano letivo coroado de belos gestos. Quem sabe o autor não conhecesse a fundo seus próprios personagens. Um ingênuo como a nossa professora. Esqueci-o.

Passados muitos anos reconheci o retrato de Plínio num jornal. Advogado, fazia rápida carreira na Justiça. Recebia cumprimentos. Brrr. Magistrado de futuro o tal que furtara meu presente de fim de ano! Que toldara muito cedo minha crença na humanidade! Decidi falar a verdade. Caso alguém se referisse a ele, o que passou a acontecer, eu garantia que se tratava de um ladrão. Se roubava já no curso primário, imaginem agora... Sempre que o rumo de uma conversa levava às grandes decepções, aos enganos de falsas amizades, eu contava, a quem quisesse ouvir, o episódio do embusteiro do Grupo Escolar Conselheiro Antônio Prado, em breve desembargador ou secretário da Justiça.

– Não piche assim o homem – advertiu-me minha mulher.

42

– Por que não? É um ladrão!

– Mas quando pegou seu livro era criança.

– O menino é o pai do homem – rebatia, vigorosamente.

Plínio fixara-se como um marco para mim. Toda vez que o procedimento de alguém me surpreendia, a face oculta de uma pessoa era revelada, lembrava-me irremediavelmente dele. Limpinho. Penteadinho. E com a mão de gato se apoderando de meu livro.

Certa vez tomaram a sua defesa:

– Plínio, um ladrão? Calúnia! Retire-se da minha presença!

Quando o desembargador Plínio já estava aposentado, mudei-me para meu endereço atual. Durante a mudança alguns livros despencaram de uma estante improvisada. Um deles *O coração*, de Amicis. Saudades. Havia quantos anos não o abria? Quarenta ou mais? Lembrei da dedicatória de meu falecido pai. Ele tinha boa letra. Procurei-a na página de rosto. Não a encontrei. Teria a tinta se apagado? Na página seguinte havia uma dedicatória. Mas não reconheci a caligrafia paterna.

"Ao meu querido filho Plínio, com todo amor e carinho de seu pai".

REY, Marcos. *O coração roubado e outras crônicas.* São Paulo: Ática, 1998, p. 11-14. Coleção "Para gostar de ler".

SUGESTÃO DE ATIVIDADE – III

Objetivos:

- Clarificar o valor justiça, diferenciando-o de vingança ou revidamento.
- Refletir sobre erros ou enganos que podem ser cometidos ao julgar as pessoas e muitas vezes condená-las.

Procedimentos:

a) Atividade conduzida pelo educador(a).

b) Leia do texto "coração roubado".

c) O texto ressalta a injustiça de um colega de infância com relação a outro, devido a um julgamento errôneo, que o fez condená-lo como ladrão até a vida adulta. Você, aluno, acha que essa injustiça poderia ter sido evitada? Que outras atitudes poderiam ter sido tomadas?

d) Inúmeras pessoas inocentes são condenadas a cumprir penas por erros do sistema judiciário. O que você, aluno, pensa a respeito? Somos humanos, portanto sujeitos a falhas ou possíveis de cometer enganos ao julgar outras pessoas. É só isso?

e) A vingança e a justiça são a mesma coisa? "Fazer justiça" não é também um desejo de vingar algo ou alguém, uma reparação por alguma injustiça? Então, qual é a diferença entre justiça e vingança?

f) Em noticiários, reportagens, sempre nos deparamos com alguém que se sente lesado, dizendo:

– Eu não vou ter meu filho de volta, mas exijo justiça!

O que você, aluno, entende dessa fala? Explique em outras palavras.

g) "Olho por olho, dente por dente", a lei de Talião, é justiça ou vingança?

"Um olho por outro olho acabará por deixar toda a humanidade cega" (Gandhi).

h) Convide um advogado da área para esclarecer e ampliar a visão sobre essas questões.

i) Educador(a) e alunos podem fazer um mural, uma colagem em papel pardo.

Cada aluno deve procurar em jornais e revistas, selecionar e trazer dois recortes: um mostrando uma atitude de vingança e outro de justiça. O educador(a) deverá ler para a turma, discutindo o que é justiça ou vingança, justificar a decisão e colar na coluna "Justiça ou Vingança" do papel pardo.

LEITURA ILUSTRATIVA

Declaração dos Direitos da Criança

\
Comentada por Mafalda* e seus amigos para a UNICEF
(Fundo das Nações Unidas para a Infância)

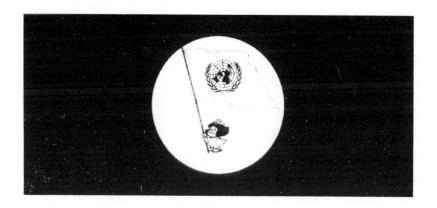

---

* Mafalda não é somente um quadrinho infantil. Mafalda tem idéias políticas e discute com os amigos, de maneira muito humorada e divertida, os problemas mundiais. Os personagens da turma da Mafalda têm características muito interessantes (os pais, o irmãozinho Guinle, os amigos, Filipe, Manoelito, Susanita, Miguelito e Liberdade) e fazem com que também possamos rir dos nossos problemas. A criação e produção de Mafalda compreende o período entre os anos de 1964 e 1973. A personagem Mafalda nasceu na Argentina e foi lançada oficialmente como tira em setembro de 1964 na revista *Primeira Plana*, um semanário de atualidades nacionais e internacionais, onde seu autor Quino tentou refletir as inquietações da época. O *El Mundo* começou a publicar as tiras da Mafalda em março de 1965 e era um dos jornais mais populares, e foi até dezembro de 1967, quando o jornal fechou. Mafalda apareceu pela primeira vez na revista *Siete Dias Ilustrados* em junho de 1968. Nessa mesma

1

A criança deve usufruir de todos os direitos enunciados na presente declaração. Estes devem ser reconhecidos como direitos de todas as crianças, sem exceção, sem distinções ou discriminações determinadas por raça, cor, sexo, língua, religião, opiniões políticas ou de outro tipo, origem nacional ou social, posição econômica, nascimento, ou por qualquer outra condição relativa à criança ou à sua família.

época Mafalda era editada na Itália com o nome de Mafalda, a contestadora. Antes do encerramento oficial da tira em 1973, Quino (Joaquín Lavado) achou que "estava esgotado" e não poderia em "insistir" em continuar o trabalho das tiras sem se repetir. Não quis que outros desenhistas e grupos de roteiristas continuassem seu trabalho e assim sendo, Quino, a partir de maio a junho de 1973, fez com que seus personagens fossem se despedindo dos leitores. Após a despedida de Mafalda em 1973, Quino retomou seus personagens em campanhas de defesa da infância. Em 1976, Ano Internacional da Criança, a UNICEF pediu a Quino para fazer um cartaz e ilustrar os dez princípios da Declaração dos Direitos da Criança. O autor cedeu os direitos dessa edição a UNICEF. O trabalho do artista argentino Quino foi traduzido para dezenas de países.

2

A criança deve gozar de proteção especial; disposições legislativas ou outros procedimentos devem lhe oferecer condições e oportunidades de se desenvolver de maneira sadia e normal nos planos físico, intelectual, espiritual e social, em condições de liberdade e dignidade. O interesse superior da criança dever ser decisivo na aprovação de leis relativas a este fim.

3

Assim que nasce, a criança tem direito a um nome e a uma nacionalidade.

4

A criança tem direito à segurança social. Para que possa crescer e se desenvolver sadiamente, deve-se assegurar a ela e a à sua mãe auxílio e proteção especiais e, particularmente, assistência pré e pós-natal adequada. A criança tem direito à alimentação, moradia, diversão e aos cuidados médicos necessários.

5

A criança com deficiência física ou mental ou socialmente desfavorecida tem direito ao tratamento, à instrução e aos cuidados especiais exigidos pelo seu estado ou condição.

MINHA MÃE FICA TÃO COMOVIDA COM AS CRIANÇAS DEFICIENTES!... ELA É TÃO, MAS TÃO SENSÍVEL, QUE NÃO PODE NEM LEMBRAR QUE ELAS EXISTEM. COITADINHA DA MAMÃE!

POIS É... TEM TANTA GENTE BOA POR AÍ!

6

Para que sua personalidade se desenvolva de maneira harmoniosa, a criança precisa de amor e compreensão. Na medida do possível, ela deve crescer sob a custódia dos pais ou, caso contrário, numa atmosfera de carinho e segurança moral e material; na primeira infância, salvo em casos excepcionais, não se deve separá-la da mãe. A sociedade e as autoridades competentes têm o dever de se dedicar especialmente às crianças sem família e às que não têm meios suficientes de subsistência. É desejável assegurar às famílias numerosas subsídios estatais ou de outro gênero para o sustento das crianças.

7

A criança tem direito à instrução gratuita e obrigatória, pelo menos no nível elementar. Esta deve contribuir para a sua formação geral e permitir, em pé de igualdade com os outros, que desenvolva os seus dotes, o seu espírito crítico, a sua consciência das responsabilidades morais ou sociais, e que se torne um membro útil da sociedade. O interesse superior da criança deve guiar os responsáveis pela sua educação e orientação; esta responsabilidade cabe em primeiro lugar aos seus pais. A criança deve ter todas as possibilidades de se dedicar aos jogos e atividades relacionados com os fins a que se propõe a sua educação; a sociedade e as autoridades públicas devem se empenhar no cumprimento deste direito.

8

A criança, sob quaisquer circunstâncias, deve ser a primeira a receber proteção e socorro.

9

A criança deve receber proteção contra todas as formas de negligência, crueldade e exploração. Ela não deve ser objeto de qualquer forma de tráfico. A criança não deve trabalhar antes de atingir uma idade mínima adequada; em hipótese alguma ela deve ser constrangida ou autorizada a aceitar um emprego que prejudique a sua saúde ou a sua educação, ou que dificulte o seu desenvolvimento físico, mental ou moral.

10

A criança deve ser protegida contra atitudes ou influências que possam induzi-la a qualquer forma de discriminação racial, religiosa ou de outro gênero. Ela deve ser educada num espírito de compreensão, tolerância, amizade para com todos os povos, paz e fraternidade universal, e na consciência de que deverá colocar a sua energia e o seu talento a serviço do próximo.

QUINO. *Mafalda, inédita*. São Paulo: Martins Fontes, 2. ed., 1997.

SUGESTÃO DE ATIVIDADE – IV

Objetivo:

- Conhecer os Direitos das Crianças.

Procedimentos:

a) Atividade conduzida pelo educador(a).

b) O cartunista Quino fez, através da personagem Mafalda, uma "leitura" da Declaração dos Direitos da Criança. Analise, faça comentários, expresse seu ponto de vista, a sua "leitura" sobre a Declaração.

c) Amplie a reflexão dos direitos, trazendo-os para a escola e a família. Liste quais seriam os direitos e os deveres dos alunos na sua escola.

d) Indague se a sua escola tem esses deveres e direitos escritos. Caso tenha, de que maneira foram elaborados e por quem ou quais pessoas?

e) Pesquise e dialogue em casa e na escola:

– Quais seriam os deveres do filho na família, existem?

– Será que são os mesmos em todas as famílias?

– Direitos e deveres para filhos (crianças) são os mesmos para todas as idades?

LEITURA ILUSTRATIVA

As três peneiras

Conto popular

Conta-se que certa vez um homem aproximou-se de Sócrates e disse-lhe em tom baixo, de confidência:

– Como teu amigo, tenho algo de muito grave para te contar.

Então, o sábio, muito cauteloso e prudente, ponderou:

– Já passaste o que vais me dizer pelas três peneiras?

– Mas, que três peneiras? – indagou o homem assustado.

– Então não sabes? – disse-lhe Sócrates. Vamos averiguar se o que tens para me contar passou pela primeira peneira que é a da Verdade. Tens absoluta certeza sobre o que pretendes me revelar?

– Bem, certeza, certeza mesmo não tenho não. Assegurar-te não posso, mas ouvir dizer...

– Neste caso, o assunto foi passado pela segunda peneira, a da Bondade. Isto significa que mesmo sendo real o que tens para me dizer, será pelo menos bom?

O conhecido logo respondeu:

– Ah! Isso não. Muito antes pelo contrário...

– Então, sendo assim, vamos usar a terceira peneira, a da Utilidade. O que tanto o perturba tem algum proveito?

– Bem, útil não é – disse o homem pensativo.

Muito sábio, o filósofo encerrou a conversa dizendo:

– Se o que tens para me contar não é verdadeiro, nem bom e nem útil, deixemos o assunto, esqueçamos e não te preocupes mais com ele, já que casos sem edificações para nós não têm valor.

SUGESTÃO DE ATIVIDADE – V

Objetivo:

• Aprender a usar **critérios** como base para ajuizar sobre pessoas ou fatos.

Procedimentos:

a) Elejam juntos, educador(a) e alunos, um caso do qual ficaram sabendo, dentro ou fora da escola, para ser passado pelas três peneiras referidas no texto.

b) Leia o relato do acontecimento a seguir:

Além das aparências

– Primeira Parte:

André é um artista, solteiro, de boa aparência, 33 anos de idade.

Eis a seguir, como foi percebido por diversas pessoas no dia X.

– Relato da mãe:

"André levantou correndo, não quis tomar café, não ligou para o bolo que eu havia feito especialmente para ele. Disse que estava com pressa e reagiu com impaciência a meus pedidos para se alimentar e se agasalhar. Para mim, ele continua sendo uma criança que precisa de atendimento, pois não sabe o que é bom para si próprio."

– Relato do chofer de táxi:

"Hoje de manhã apanhei um sujeito que eu não fui com a cara dele. Estava de cara amarrada, seco, não queria saber de conversa. Tentei falar sobre futebol, sobre política, sobre o trânsito e ele sempre me mandava calar a boca, dizendo que tinha de se concentrar. Desconfio que ele é um desses sujeitos que assaltam chofer de táxi para roubar. Aposto como estava armado. Fiquei louco para me livrar dele."

– Relato do garçom da boate:

"Ontem à noite ele chegou aqui acompanhado de uma morena, bem bonita por sinal, mas não deu a mínima bola para ela.

Passou o tempo todo olhando pra tudo que era mulher que chegava. Quando entrou uma loira de vestido colante, me chamou e queria saber quem era. Como eu não conhecia, não teve dúvidas: foi até a mesa falar com ela. Eu disfarcei e passei por perto e só pude ouvir que ele marcava um encontro para as 9 horas da manhã, bem nas barbas do acompanhante dela! Sujeito peitudo! Eu também dou minhas voltinhas, mas essa foi demais...."

– Relato do zelador de edifício:

"Ele não é muito certo da bola, não. Às vezes cumprimenta, às vezes finge que não vê ninguém. As conversas dele, a gente não entende. É parecido com um parente meu que enlouqueceu. No dia X de manhã chegou até falando sozinho. Eu dei bom dia e ele me olhou com um olhar estranho e disse que tudo no mundo era relativo, que as palavras não eram iguais para todos e nem as pessoas. Disse também que, quando ele pintava um quadro, aquilo é que era a realidade. Dava risadas. Está na cara que ele é um lunático."

– Relato da faxineira:

"Ele anda sempre com um ar misterioso. Os quadros que ele pinta, a gente não entende. Quando ele chegou, na manhã do dia X, ele me olhou meio enviesado e tive um pressentimento de que ia acontecer alguma coisa ruim. Pouco depois chegou a moça loira. Ela me perguntou onde ele se encontrava e eu disse. Daí a pouco eu a ouvi gritar e acudi correndo. Abri a porta de supetão e ele estava com uma cara furiosa olhando para ela, cheio de ódio. Ela estava jogada no divã e no chão tinha uma faca. Eu saí gritando: Assassino! Assassino!"

– Segunda Parte:

Eis a seguir, como André relata o que ocorreu no dia X.

"Eu me dedico à pintura de corpo e alma. O resto não

tem importância. Há meses que quero pintar uma Madona do século XXI, mas não encontro uma modelo adequada, que encare a beleza, a pureza e o sofrimento que eu quero retratar.

Na véspera do dia X, uma amiga me telefonou dizendo que tinha encontrado a modelo que eu procurava e propôs nos encontrarmos na boate que ela freqüentava. Eu estava ansioso para vê-la. Quando ela chegou, fiquei fascinado: era exatamente o que eu queria! Não tive dúvidas: fui até a mesa dela, me apresentei e pedi para ela posar para mim. Ela aceitou e marcamos um encontro no atelier às 9 horas. Eu nem dormi aquela noite. Levantei-me louco para começar o quadro, nem podia tomar café de tão ansioso...

No táxi, comecei a fazer um esboço, pensando nos ângulos da figura, no jogo de luz e sombra, na textura, nos matizes...

Quando entrei no edifício, eu estava cantando baixinho. O zelador falou comigo e eu nem prestei atenção. Aí eu perguntei: o que foi? E ele disse: Bom dia... Nada mais do que bom dia! Ele não sabia o que aquele dia significava para mim! Sonho, fantasia, aspiração, tudo iria se tornar realidade, enfim, com a execução daquele quadro! Eu tentei explicar para ele. Eu disse que a verdade era relativa, que cada pessoa vê a mesma coisa de forma diferente.

Quando eu pinto um quadro, aquilo é a minha realidade. Ele me chamou de lunático. Eu dei risada e disse: Está aí a prova do que eu disse: o lunático que você vê não existe!

Quando eu subia a escada, a faxineira veio me espiar. Não gosto daquela mexeriqueira, fofoqueira!

Entrei no atelier e comecei a preparar a tela e as tintas. Quando eu estava limpando a paleta com uma faca, tocou a campainha. Abri a porta e a moça entrou. Ela estava com o mesmo vestido da véspera e explicou que passara a noite em claro, numa festa.

Eu pedi que sentasse no lugar indicado e olhasse para o alto... que imaginasse inocentes sofrendo... que...

Aí ela passou os braços ao redor do meu pescoço e disse que eu era simpático. Eu afastei seus braços e perguntei se ela tinha bebido. Ela disse que sim, que a festa esteve ótima, que foi uma pena eu não ter estado lá, que ela sentiu falta, que tinha gostado de mim. Quando me enlaçou de novo eu a empurrei e ela caiu no divã e gritou.

Nesse instante a faxineira entrou e saiu berrando: Assassino! Assassino!

A loira levantou-se e foi embora me chamando de idiota.

A minha Madona!"

c) Distribua os alunos em três grupos:

O grupo da primeira peneira: Verdade.

O grupo da segunda peneira: Bondade.

O grupo da terceira peneira: Utilidade.

Cada grupo deve pesquisar, investigar cada critério da sua peneira. Dica: Busque a Filosofia!

d) Cada grupo/peneira deverá apresentar os resultados do trabalho para a turma toda.

Solidariedade

Ético é não desaprender "a linguagem com que os homens se comunicam" e deixar o coração crescer para sermos capazes de reciprocidade e solidariedade.

Marilena Chauí

O que entendemos por solidariedade? Podemos dizer que solidariedade é um sentimento de afeto que as pessoas têm diante de alguém que tem necessidades. É o sentimento que nos faz compartilhar obrigações e necessidades comuns; é estar sintonizado com o outro. Ser solidário é pensar em "nós", no coletivo antes dos interesses e vontades individuais.

Não é possível pensar no coletivo, pensar em "nós" sem incluir a idéia de compartilhar e sem considerar a generosidade. Dar e receber, aceitar ou acolher o outro com o que ele tem e pode me oferecer. Generosidade é dar o melhor de si para o outro, espontaneamente, sem necessidade de uma legislação extensa.

Compartilhar é romper com as barreiras do egoísmo, daquele que pensa possuir riquezas diversas, que sempre acredita que pode dar, mas que pensa que não necessita nunca de receber nada dos outros. Ao mesmo tempo, compartilhar é romper com a baixa estima de quem acredita que não tem nada para dar ou oferecer.

Quando compartilhamos certas coisas, como um bolo, um queijo, um pacote de bombons, a operação a ser feita é a divisão, para que todos recebam igualmente as porções. Em outras situações, também compartilhamos coisas materiais, mas usamos o revezamento. Uma bicicleta não se divide; as pessoas se revezam para desfrutarem do mesmo bem. Num parque de diversões há filas, e a cada tempo algumas crianças brincam e se revezam. Os livros, a cada período determinado um lê e empresta para outro ou às vezes podemos ser *voluntários* e ler para idosos ou pessoas impedidas de usufruir do prazer da leitura. Os banheiros de festas, cinemas, escolas e de muitos outros lugares também são compartilhados por revezamento. E como há sempre mais para se compartilhar, aqui podemos incluir as "coisas" que podem dar muito prazer quando compartilhadas. São as idéias, os sentimentos, a natureza (por exemplo, ir à praia, contemplar as montanhas, as paisagens bonitas) os pensamentos e também os sonhos, os projetos e as experiências.

Solidariedade é tomar para si a causa do outro ou dos outros. É "se alistar" para trabalhar com o outro e pelo outro em empreendimentos que passam a ser também comuns.. É comprometer-se e estabelecer uma co-responsabilidade em trabalhos que visem resgatar, legitimar a cidadania de pessoas que estão excluídas, marginalizadas socialmente. Indivíduos que estão privados de dignidade, por falhas na justiça social que não conseguiu oferecer a todos, igualitariamente, as mesmas oportunidades a que têm direito para desenvolver suas potencialidades.

Então seria este o lema, "um por todos e todos por um"? Cada pessoa é única e particular, mas também é parte da coletividade. Temos diferenças de raças, de culturas, de religiões e tantas outras, mas a solidariedade vem pontuar nossa igualdade como seres humanos, vem exigir de cada um de nós nossa humanidade.

Voluntário é o indivíduo que exerce, põe em prática a solidariedade, agindo, atuando e participando ativamente no reconhecimento e ajuda ao outro na comunidade em que vive ou mais além e fora dela, mas sempre intervindo para a melhoria da comunidade dos homens.

Voluntariado é o exercício da cidadania. Esse trabalho tem sido estimulado, incentivado por muitas empresas, escolas, instituições não governamentais, religiosas etc., aqui no Brasil e em muitos outros países.

A Assembléia Geral das Nações Unidas define o voluntário como "o jovem ou adulto que, devido ao seu interesse pessoal e ao seu espírito cívico, dedica parte do seu tempo, sem remuneração alguma, a diversas formas de atividades, organizadas ou não, de bem-estar social ou outros campos..." Foi também a Assembléia que escolheu o dia 05 de dezembro como a data oficial para a celebração do Trabalho Voluntário.

Dez chaves para você se abrir e tornar-se voluntário

www.portaldovoluntario.org.br

☞ **1- Todos podem ser voluntários.**

Não é só quem é especialista em alguma coisa que pode ser voluntário. Todas as pessoas têm capacidades, habilidades e dons. O que cada um faz bem pode fazer bem a alguém.

☞2- Voluntariado é uma relação humana, rica e solidária.

Não é uma atividade fria, racional e impessoal. É relação de pessoa a pessoa, oportunidade de se fazer amigos, viver novas experiências, conhecer outras realidades.

☞3- Trabalho voluntário é uma via de mão dupla.

O voluntário doa sua energia e criatividade mas ganha em troca contato humano, convivência com pessoas diferentes, oportunidade de aprender coisas novas, satisfação de se sentir útil.

☞4- Voluntariado é ação.

Não é preciso pedir licença a ninguém antes de começar a agir. Quem quer, vai e faz.

☞5- Voluntariado é escolha.

Não há hierarquia de prioridades. As formas de ação são tão variadas quanto as necessidades da comunidade e a criatividade do voluntário.

☞6- Cada um é voluntário a seu modo

Não há fórmulas nem modelos a serem seguidos. Alguns voluntários são capazes, por si mesmos, de olhar em volta, arregaçar as mangas e agir. Outros preferem atuar em grupo, juntando os vizinhos, amigos ou colegas de trabalho. Por vezes, é uma instituição inteira que se mobiliza, seja ela um clube de serviços, uma igreja, uma entidade beneficente ou uma empresa.

☞7- Voluntariado é compromisso.

Cada um contribui na medida de suas possibilidades, mas cada compromisso assumido é para ser cumprido. Uns têm mais tempo livre, outros só dispõem de algumas poucas horas por semana. Alguns sabem exatamente onde ou com quem querem trabalhar. Outros estão prontos a ajudar no que for preciso, onde a necessidade é mais urgente.

🖐 8- Voluntariado é uma ação duradoura e com qualidade.

Sua função não é de tapar buracos e compensar carências. A ação voluntária contribui para ajudar pessoas em dificuldade, resolver problemas, melhorar a qualidade de vida da comunidade.

🖐 9- Voluntariado é uma ferramenta de inclusão social.

Todos têm o direito de ser voluntários. As energias, os recursos e as competências de crianças, jovens, pessoas portadoras de deficiência, idosos e aposentados podem e devem ser mobilizados.

🖐 10- Voluntariado é um hábito do coração e uma virtude cívica.

É algo que vem de dentro da gente e faz bem aos outros. No voluntariado todos ganham: o voluntário, aquele com quem o voluntário trabalha, a comunidade.

—————————LEITURA ILUSTRATIVA—————————

Milho premiado

(Conto popular)

Esta é a história de um sujeito bem-sucedido.

Ano após ano ele ganhava o troféu "Milho gigante" na feira de agricultura do município. Era só entrar com o seu milho na feira e saía com a faixa azul recobrindo seu peito. E o seu milho era cada vez melhor.

Numa dessas ocasiões, um repórter de jornal ficou intrigado com a informação dada pelo entrevistado sobre como costumava cultivar seu qualificado e valioso milho. O repórter descobriu que o fazendeiro compartilhava a semente do seu milho gigante com os vizinhos.

– Como pode o senhor dispor-se a compartilhar sua melhor semente com seus vizinhos, quando eles estão competindo com o seu milho a cada ano? – indagou o repórter.

O fazendeiro respondeu:

– Você não sabe? O vento apanha o pólen do milho maduro e o leva, de cada campo, para os outros campos. Se meus vizinhos cultivam milho inferior, a polinização degradará continuamente a qualidade do meu milho. Se eu quiser cultivar milho bom, eu tenho que ajudar meus vizinhos a cultivarem um milho bom...

Ele era atento às conectividades da vida. O milho dele não poderia melhorar se o milho do vizinho também não tivesse a qualidade melhorada. Assim se dá, também, em outras dimensões da nossa vida. Aqueles que escolhem estar em paz devem fazer com que seus vizinhos estejam em paz. Aqueles que querem viver bem têm que ajudar os outros para que vivam bem. Aqueles que querem ser felizes têm que ajudar os outros a encontrarem a felicidade, pois o bem-estar de cada um está ligado ao bem-estar de todos.

Assim, ajudem o seu "vizinho" a cultivar um "milho" cada vez melhor.

SUGESTÃO DE ATIVIDADE – I

Objetivos:
- Propiciar aos participantes a oportunidade de vivenciar os fenômenos que influenciam o funcionamento de pequenos grupos.

- Trabalhar as atitudes de cooperação, de atenção às necessidades do outro, de complementaridade social, de disponibilidade para trabalhar na construção de algo maior que os interesses individuais.

Procedimentos:

a) *Material usado*: Corações recortados em cinco partes, dependendo do número de componentes dos subgrupos que se quer formar, em cartolina ou material mais resistente. O número de corações dependerá do número de participantes do grupo e dos subgrupos a serem formados.

b) *Modelos*: "Montando um Coração"

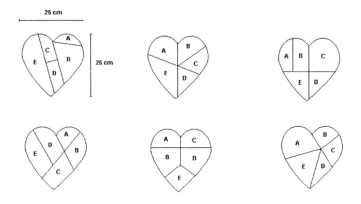

c) O educador introduz o exercício que consiste em armar um quebra-cabeça com a forma de um coração.

d) Coloque no chão todas as peças misturadas. Cada participante deve pegar uma peça e procurar outras peças na mão de outros participantes que componham o coração.

e) Solicite às pessoas de cada subgrupo que montou um coração que permaneçam juntas, quando todos os corações estiverem armados. Assim, estarão formados os subgrupos.

f) Sugerir que cada subgrupo escolha um nome para si, para o coração formado. O educador(a) anotará os nomes no quadro.

g) O educador(a) deve chamar cada grupo pelo nome e pedir que se manifestem sobre como se sentiram com a atividade.

h) O educador(a) deve orientar os participantes com algumas perguntas:

- Algum participante ficou tentando resolver o quebra-cabeça por inteiro, mentalmente, sozinho?

- Todos os participantes estavam ativamente envolvidos na tentativa de resolver o quebra-cabeça?

- Quais as dificuldades encontradas entre os participantes para realizar a montagem do quebra-cabeça?

- Como os participantes do grupo deveriam agir para uma melhor execução da tarefa?

LEITURA ILUSTRATIVA

Solidariedade

Lia Luft

O gesto não precisa ser grandioso nem público, não é necessário pertencer a uma ONG ou fazer uma campanha.

Sobretudo, convém não aparecer.

O gesto primeiro devia ser natural, e não decorrer de nenhum lema ou imposição, nem convite nem sugestão vinda de fora.

Assim devíamos ser nós habitualmente, e não somos, ou geralmente não somos: cuidar do que está do nosso lado. Cuidar não só na doença ou na pobreza mas no cotidiano, em que tantas vezes falta a delicadeza, a gentileza, a compreensão; esquecidos os pequenos rituais de respeito, de preservação do mistério, e igualmente da superação das barreiras estéreis entre pessoas da mesma casa, da família, das amizades mais próximas.

Dentro de casa, onde tudo deveria começar, onde se deveria fazer todo dia o aprendizado do belo, do generoso, do delicado, do respeitoso, do agradável e do acolhedor, mal passamos, correndo, tangidos pelas obrigações. Tão fácil atualmente desculpar-se com a pressa: o trânsito, o patrão, o banco, a conta, a hora extra... Tudo isso é real, tudo isso acontece e nos enreda e nos paralisa.

Mas, por outro lado, se a gente parasse (mas parar pra pensar pode ser tão ameaçador...) e fizesse um pequeno cálculo, talvez metade ou boa parte desses deveres aparecesse como supérfluo, frívolo, dispensável.

Uma hora a mais em casa não para se trancar no quarto, mas para conviver. Não com obrigação, sermos felizes com hora marcada e prazo pra terminar, mas promover desde sempre a casa como o lugar do encontro, não da passagem; a mesa como o lugar do diálogo, não do engolir quieto e apressado; o quarto como o lugar do afeto, não do cansaço.

Pois se ainda não começamos a ser solidários dentro de nós mesmos e dentro de nossa casa ou do nosso círculo de amigos, como querer fazer campanhas, como pretender desfraldar bandeiras, como desejar salvar o mundo – se estamos perdidos no nosso cotidiano?

Como dizer a palavra certa se estamos mudos, como escutar se estamos surdos, como abraçar se estamos congelados?

Para mim, a solidariedade precisa ser antes de tudo o aprendizado da humanidade pessoal.

Depois de sermos gente, podemos – e devemos – sair dos muros e tentar melhorar o mundo. Que anda tão, e tão precisado.

PRADO, Adélia *et al. Caminhos de Solidariedade.* São Paulo: Editora Gente. (Coletânea de vários autores), 2001.

SUGESTÃO DE ATIVIDADE – II

Objetivo:

- Sensibilizar sobre a possibilidade de ser solidário com as pessoas mais próximas com as quais convivemos, tais como familiares, amigos, colegas de escola ou trabalho e vizinhos.

Procedimentos:

a) Leia o texto "Solidariedade".

b) Cada participante receberá uma folha de papel em branco, distribuída pelo educador(a).

c) Trace uma linha vertical, ao longo da folha, esta também em posição vertical, dividindo-a ao meio.

d) Na metade esquerda, os participantes deverão relacionar todos os nomes das pessoas que, de alguma forma, fazem parte das suas relações, de sua convivência (familiares, amigos, vizinhos, outros colegas, etc.).

e) Trace uma linha horizontal na outra metade direita da folha, dividindo-a ao meio.

f) Inverta a folha, para que ela fique no sentido horizontal. Dessa forma ficará uma divisória com uma parte esquerda e outra direita.

g) Cada participante deve selecionar da lista, e escrever do lado esquerdo, dez nomes de pessoas que tenham maior importância em sua vida.

h) Na divisória à direita escreva

- com delicadeza
- com cortesia
- com respeito
- com generosidade
- com diálogo
- com afeto
- com indiferença
- com agressividade
- com grosseria

i) Os participantes devem ligar as duas colunas entre si, orientando-se pela pergunta: "Como eu trato as pessoas."

j) O educador(a) convida os alunos a se manifestarem sobre a atividade e faz a pergunta: "O que vocês acham que os dez selecionados da lista diriam a respeito da atividade que vocês fizeram? Será que concordariam com o tratamento que vocês disseram que dispensam a eles?"

LEITURA ILUSTRATIVA

A sopa de pedra

(Conto popular)

Um dia, Pedro, um jovem rapaz, estava com fome e bateu à porta de uma senhora que morava na vizinhança para pedir ajuda. Mas a senhora foi logo dizendo:

– Está louco! Aqui em casa não tem o bastante nem para mim. Já jantei o pouco que tinha e não há mais comida.

– Não faz mal, disse Pedro; se a senhora me emprestar uma panela com água e o fogo, faço uma sopa de pedra.

A senhora ficou curiosa:

– Sopa de pedra? Nunca ouvi falar nisso.

– Pois é uma sopa ótima – disse Pedro.

A senhora providenciou de acender o fogo e encheu uma panela com água. Pedro jogou uma pedra dentro da panela e colocou-a no fogo.

A senhora insistiu:

– Mas esta sopa vai ficar boa mesmo?

– Claro que vai! Ficaria melhor se levasse cebola... Mas fica boa até sem cebola.

– Isso posso arrumar – disse a senhora dando-lhe a cebola. – Mas vai ficar boa mesmo?

– Com cebola então!... – Disse Pedro, lambendo os beiços. – Ficaria melhor com um pedaço de carne. Mas só com cebola vai bem.

A senhora bateu à porta de uma comadre e arrumou um pedaço de carne.

– E ficaria melhor se levasse tomate, umas batatas, repolho...

E a senhora, juntamente com a comadre que também desejou aprender fazer a sopa, foi dando tudo o que ele pedia. Elas batiam em outras portas e pediam os ingredientes da sopa às conhecidas da comunidade. Logo se formou um grupo em volta de Pedro.

Por fim Pedro falou em sal. A senhora, muito curiosa, não negou.

Pronta a sopa, Pedro tirou dela a pedra e pôs-se a tomá-la com grande apetite.

– Querem provar? – Perguntou ele às senhoras e outras pessoas que também tinham fome.

Estas aceitaram logo.

– Ora vejam só! Pois não é que a tal sopa de pedra é boa mesmo?

Repartiram a sopa. Tinha para todos. Aos poucos reconheceram que, se não têm o que comer sozinhos e isolados, juntos poderiam ter para todos. E desde aquele dia, graças à criatividade do jovem Pedro, aprenderam a compartilhar o que possuíam.

SUGESTÃO DE ATIVIDADE – III

Objetivo:
- Conscientizar que a generosidade pode ser expressa através de atitudes pessoais ou de bens materiais.

Procedimentos:

a) Educador(a), convide toda a turma de alunos para lanchar salada de frutas em um dia determinado da semana.

b) Faça, junto com os alunos, uma lista com o que será necessário, desde as frutas, os utensílios, os outros ingredientes e a mão-de-obra para a execução.

c) Distribua as tarefas com a turma: quem vai contribuir descascando e picando as frutas, trazendo alguma fruta, os utensílios e/ou mais algum ingrediente necessário.

d) No dia marcado, o educador(a) reúne o grupo e orienta a execução da salada de frutas para usufruir de um lanche comunitário.

e) Mobilize outras turmas da escola para participar da "Salada de Frutas da Solidariedade".

LEITURA ILUSTRATIVA

O maior sorriso do mundo
Para Nhonhô, meu pai.

Antônio Barreto

Era um menino que comprava dentes.

....

. Era um menino que ajudava o pai. O pai era dentista-protético, fabricante de dentaduras e sorrisos escancarados. E o menino, nesses modos de ajudar, ia ao bazar comprar os dentes que o pai especificava num papel. No meio do caminho, o menino aproveitava para estilingar dois ou três pardais, enquanto sonhava em ser marinheiro, piloto de avião, jogador de futebol ou, quem sabe, escritor.

Chegando ao bazar da cidade, que se chamava Americano (e vendia desde fogões e geladeiras a sianinhas de renda, gobelinos e botões de marfim), o menino apresentava o papel ao dono do bazar. E enquanto o homem virava as costas para procurar as plaquinhas de cera (onde os dentes vinham incrustados conforme a cor, a posição e o tamanho da boca), o menino namorava a vitrine dos livros.

É necessário explicar que esse menino, até então, só tinha uma coleção de gibis e um livro de histórias, além das cartilhas escolares. E seu livro de histórias, de tanto manuseio, já começava a desbotar as letras e as figuras.

"Todo livro é de quem precisa dele," já disse um carteiro... Certo dia, fazendo um inventário de suas pequenas coisas (par de sapatos, roupa de domingo, suspensório, estilingue, coleção de tampinhas, borboletas, besouros, cigarras, marcas de cigarro; bola de cubertão, arapuca de taquara, pintassilgo na gaiola, perereca no brejo; espada, cavalo-de-vassoura, arco e flecha, máscara do Zorro e outros badulaques), o menino chegou à conclusão de que precisava de um novo livro de histórias.

Mas, no caminho de volta, constatou também que, para conquistar a moreninha que morava no final da rua (aquela que alimentava seus melhores sonhos durante as noites repletas de bandidos do Wyoming e índios Apaches), precisava de comprar também um anel de bijuteria.

Estava resolvido: com o primeiro dinheiro que ganhasse, compraria um anel para Mary McGregor, filha do rancheiro Ross McGregor, de Topeka Creek. (Na verdade, ela se chamava Fatinha e seu pai era um simples alfaiate.)

Chegando em casa, entregou os dentes para o pai, e ficou admirando seu ofício. Como um artista cuidadoso, o pai ia esculpindo incisivos, caninos e molares num molde de cera montado sobre o gesso. Depois – sempre assobiando –, prensava a dentadura e a levava numa panela, para ferver. Após a fervura, o pai derretia a cera, remoldando tudo em acrílico cor-de-rosa, uma massa que se parecia com chiclete e que, às vezes, dava vontade de mastigar.

O melhor de tudo, porém, era o ato final: colocar a dentadura na boca do banguela. E esperar o pai dizer:

– Tonico, dá cá o espelho!

Sei que um livro pode fazer a gente sorrir. Ou também chorar. Mas quem já pôs uma dentadura nova, e se olhou no espelho, sabe: aquele sorriso é, na verdade, o primeiro. É o maior sorriso do mundo. E nele, fatalmente, cabem mais de vinte anos.

De modo que, o pai, satisfeito com o trabalho – e como sempre fazia –, deu pra ele uns cobres. O menino não pestanejou. "Vou comprar o anel da Fatinha e conquistar, para sempre, o seu coração...", pensou. Porém, no meio da pedra tinha uma esquina, e no meio da esquina um atalho: "Melhor comprar um novo livro de histórias... Ou quem sabe, de poesias? Copio um poema, mando pra ela, e para sempre cativo o passarinho do seu coração." Poetou o menino.

Mas no meio do atalho, quase às portas do bazar, havia também uma mendiga velhinha e esfarrapada que lhe pediu esmolas. Entre o anel e o livro, o coração do menino estacou. E sem pestanejar ele entregou-lhe os seus trocados.

Em troca, recebeu um sorriso banguela. E ficou a vida inteira pensando que a felicidade é uma coisa que não precisa de dentes. A fome é maior que os livros. E, talvez, bem maior que o amor de uma morena que morava no final da rua.

BARRETO, Antônio. *Transversais do Mundo*. Belo Horizonte: Editora Lê, 1999, p. 106-108.

SUGESTÃO DE ATIVIDADE – IV

Objetivos:
- Valorizar a generosidade, o desprendimento.

• Alertar para o risco de se mergulhar num jogo competitivo quando a proposta é de solidariedade.

Procedimentos:

a) Essa atividade deve ser conduzida pelo educador(a).

b) Distribua para cada participante uma folha de papel em branco.

c) Peça que cada um anote o seu nome e, a seguir, trace um retângulo ao redor do nome.

d) Avise aos participantes que eles terão dois minutos para colher autógrafos, pedindo aos demais que assinem de forma legível em sua folha.

e) Esgotado o tempo, todos deverão ter em mãos suas folhas.

f) Inicie a atividade e marque o tempo.

g) Passados os dois minutos, interrompa a atividade e solicite a todos os participantes que confiram o número de autógrafos legíveis obtidos. Pergunte a cada um o número de autógrafos obtidos e informe a todo o grupo os três primeiros resultados.

h) Inicie a discussão:

– Será que tem algum valor em dar destaque, como prova de solidariedade, aos participantes que conseguiram maior número de autógrafos?

– Onde está a solidariedade numa atividade como esta?

– Todos estão ávidos em obter autógrafos mas não em doar.

– De que outra forma os participantes poderiam ganhar todos os autógrafos?

LEITURA ILUSTRATIVA

O amigo das horas más

Dinah Silveira de Queiroz

CONTOU-NOS o amigo:

– "A história começou quando perdi a eleição na sociedade científica de que faço parte. Senti a injustiça. Sempre fora um defensor daquela instituição, sacrificava meus interesses, só pelo interesse da associação. E haviam vencido, contra mim, os que vinham de fora, os que nada fizeram de concreto para a casa. Fiquei abaladíssimo. No dia seguinte ao acontecimento, quando eu ouvia minha mulher, que, com sagacidade feminina procurava consolar-me, dizendo: "Está você aí todo sorumbático. Pois, olhe, eu não queria dizer nada, porque não desejava intervir na sua paixão pela Sociedade, para não me tornar, como tantas mulheres, a inimiga da vida pública do meu marido. Mas, bem mais importante do que aquele viveiro de vaidades é a nossa própria casa! Você nem tinha mais tempo para o nosso filho! Estava ficando ranzinza. Deixamos os nossos passeios, os nossos cinemas. Agora você vai ver que não perdeu – e sim lucrou. Nenhuma namorada fora de casa lhe roubaria tanto tempo quanto essa Sociedade formada de meia dúzia de invejosos..." As palavras de minha mulher pareciam semente em bom terreno... Já me sentia outro, quando a campainha tocou, e ele apareceu. Parecia uma visita de pêsames. Sentou-se empertigado quando lhe ofereci a cadeira, e me disse com voz cava:

– "Venho trazer-lhe a minha solidariedade, diante do golpe que sofreu."

"Há muitas coisas esquisitas, que nem o pensamento humano pode definir. Quando o homem falou em "golpe", juro que sofri uma dor violenta no coração... Foi, mesmo, uma dor até física. E todo aquele ânimo, que minha mulher me infundira, se foi por água abaixo."

– "Sou o amigo das horas más..." – disse-me ele. "Sou o amigo que sempre falta aos outros, mas de que o senhor dispõe..."

"Fiquei sensibilizadíssimo. Todavia, notei que ele parecia não me querer largar mais. Almoçou comigo e durante todo o tempo do almoço me olhou com cara compungida. E foi-me levar ao trabalho, dizendo com sua fala especial: "Já tive um amigo que não sustentou um golpe igual ao que o senhor recebeu, e deu um tiro no ouvido...Veja que loucura!"

"Comecei meu trabalho de perna bamba. Mas, apesar daquele mau momento, vi, em breve, que quem tinha razão era minha mulher. E, dois meses depois, tive uma surpresa feliz. Fui convidado para uma importante missão científica. Minha casa se encheu de amigos, que me felicitaram. Só "o amigo das más horas"não apareceu. Apareceu, sim, mas foi na operação de apendicite que sofri:

– "Uma operação sempre é um risco, um risco muito sério. E eu quero que o senhor me considere sempre o amigo das horas difíceis, das horas más, do sofrimento..."

"Agradeci desta vez, meio sonolento ainda, sob o efeito do éter. Algum tempo depois, na cidade onde nasci, me foi feita uma homenagem. Uma festa que me comoveu, profundamente. A notícia trouxe, quando eu voltei do interior, uma legião de pessoas contentes à minha casa, pessoas que me vieram abraçar, satisfeitas com o acontecimento. Mas "o amigo das horas más" – ah, esse não pisou em casa."

"Penso que, exatamente, uns seis meses, depois, minha mãe faleceu. E antes que até muitos parentes soubessem, pois que ela morreu subitamente, eis que me surge à porta "o amigo das horas más".

– "Quero ser o primeiro a dar-lhe os sentidíssimos pêsames... Faço questão de estar a seu lado, nessa desgraça... E olhe: vou fazer até o discurso à beira da sepultura".

"Perdi a paciência. Só então compreendi que aquele homem era, na verdade, o amigo das HORAS MÁS, mas não o MEU AMIGO. Era uma espécie de corvo da minha tristeza. Abracei-me a ele, levei-o para fora, e disse com voz serena:

– Não, meu caro. Desta vez você não almoça a minha mágoa, como naquele dia. Vá se fartar de outras desventuras, porque, de hoje em diante, eu deixo de ser seu fornecedor..."

"O homem saiu, tropeçando. Voltei para junto do corpo de minha mãe que até parecia sorrir... E, desde esse dia me vi livre do "amigo"das horas más."

ANDRADE, Carlos D. de; MEIRELLES, Cecília; QUEIROZ, Dinah Silveira de; SABINO, Fernando; BANDEIRA, Manuel; CAMPOS, Paulo Mendes; BRAGA, Rubem. *Quadrante* 2. 2. ed. Rio de Janeiro: Editora do Autor, 1963.

SUGESTÃO DE ATIVIDADE – V

Objetivo:
- Sensibilizar para o dar-se as mãos, que requer vontade e determinação por parte das pessoas.

Procedimentos:

a) Forme subgrupos de seis alunos ou participantes.

b) Cada subgrupo deve ficar de pé, dando-se as mãos em círculo, voltados para o seu interior.

c) O educador(a) dá um sinal, apito ou palmas. Será dado um tempo de 20 segundos.

d) Assim que ouvirem o sinal, cada grupo deve, sem soltar as mãos e sem se falar, buscar a posição de costas para o centro do círculo. Nessa posição, os braços cruzados sobre o peito não serão permitidos.

e) Concluído o tempo, os grupos que não conseguiram podem repetir a tentativa observando os que conseguiram.

f) Os participantes são convidados a se manifestarem sobre a atividade.

g) Solução do exercício (no final da página).

Um dos alunos deve erguer o braço do colega formando um arco ao alto, pelo qual todos, ligeiramente agachados, passarão.

Liberdade

> *É muito bonito esperar a justiça, a paz, a liber-*
> *dade, em todo caso não é condenável. Mas não*
> *é suficiente: falta agir por elas, o que já não é*
> *uma esperança, mas uma vontade... a esperan-*
> *ça é um desejo que se refere ao que não depende*
> *de nós; a vontade é um desejo que se refere ao*
> *que depende de nós.*
>
> André Comte – Sponville

Liberdade significa a possibilidade de se fazer escolhas, de, entre alternativas, escolher caminhos e tomar decisões. Os homens têm a capacidade e o poder de escolher, de decidir sobre a própria vida, enquanto que os animais são naturalmente programados e não têm essa capacidade humana de provocar mudanças. O animal não vive o conflito, a dúvida diante do julgamento do "Bem" e do "Mal". Ele age, como tem que agir, como está determinado pela sua própria natureza.

O ser humano também nasce em parte condicionado: pela época, pelo momento em que vive (estando subordinado ao pensamento de seu tempo); pela história, pela cultura, pelo sexo, pela herança genética, pelo status social e por fatores geográficos.

Também estão sujeitos ao que os acomete, acasos felizes ou infelizes, como doenças, acidentes, perdas etc.

Além disso, por mais programados e sujeitos a fatalidades, os homens sempre podem optar por algo não estabelecido. Podem dizer sim ou não, quero ou não quero, ou seja, o ser humano pode fazer uso da sua vontade. Mas é importante dizer que essa capacidade de querer, que essa "vontade" está relacionada à razão, ao pensamento, à sua capacidade de reflexão.

É comum as pessoas se queixarem, reclamarem da vida, ao invés de reavaliar, analisar cuidadosamente as escolhas e projetos que fizeram, que fazem e que possam estar trazendo insatisfação e descontentamento pessoal no viver. Atribuir e responsabilizar "a vida " por escolhas inadequadas fica mais fácil e mais cômodo. Quem usa do livre-arbítrio pode fazer escolhas inconvenientes, pode se enganar, está sujeito a cometer erros. Diferente dos animais, que agem instintivamente, regulados pela natureza, no homem, o uso do livre-arbítrio requer um processo de pensamento, de dizer sim ou não à sua natureza e até mesmo administrá-la a seu favor.

Portanto, somos livres para escolher e fazer alguma coisa quando temos o poder para realizar as ações que transformem ou alterem a realidade. Esse poder é a condição para que a vontade aconteça, se concretize. E assim as pessoas têm o poder de mudar a própria vida, a vida do outro, da família, da comunidade e até do país, transformando situações estabelecidas em novas realidades.

Mas, exatamente porque vivemos em comunidade, em meio a outras pessoas, é que a liberdade implica em ter consciência dos limites. Ter consciência dos limites é, antes de tudo, respeitar o outro nas suas diferenças, na maneira de pensar, de agir; é respeitar os seus sonhos e desejos.

O termo liberdade pode ser usado também no sentido civil e político. Isso significa que os indivíduos são livres para se expressar nas áreas religiosas, artísticas, do pensamento, podem ir e vir de um local para outro, etc. sem o controle do Estado, desde que respeitando suas leis vigentes. Estamos nos referindo aqui a um Estado, a uma sociedade democrática, cujas leis foram estabelecidas com a participação de representantes populares, votados e eleitos.

---LEITURA ILUSTRATIVA---

O jovem caranguejo

Gianni Rodari

Era uma vez um jovem caranguejo que começou a pensar:

– Porque todos da minha família caminham para trás? Eu quero aprender a caminhar para a frente, como fazem outros animais.

Começou a treinar às escondidas, entre as pedras banhadas pelas águas de onde tinha nascido. Os primeiros dias foram custosos e de muito trabalho. Chocava-se contra tudo, machucava a couraça e uma perna enroscava-se na outra. Terminava o dia esgotado de tanto esforço. Mas ele foi melhorando lentamente, porque com vontade, querer e perseverança se aprende.

Quando já estava bem seguro de si mesmo, apresentou-se diante da família e disse:

– Olhem!! Vejam bem!!

E deu uma magnífica corrida para frente.

– Meu filho – disse a mãe chorando e surpresa –, você perdeu o juízo? Caia em si e caminhe como nós, seus pais e irmãos, que gostamos tanto de você. Caminhe como sempre lhe ensinamos. – Os irmãos riam muito dele.

O pai, olhando-o severamente, disse:

– Já chega! Se você quer continuar a viver conosco, caminhe como todos nós, caso contrário, o rio é grande... Vai fazer e caminhar do seu jeito e não volte mais.

O bom caranguejo queria muito bem aos seus familiares, mas estava muito seguro, convencido de que estava com a razão, que essa era uma outra maneira de caminhar e que esse era o melhor caminho para ele. Não tinha dúvidas.

Assim sendo, abraçou sua mãe, despediu-se do seu pai e de seus irmãos e se foi.

Por onde passava muitos animais ficavam assustados, diziam que o mundo havia virado ao avesso. Apesar disso, o caranguejo continuou seguindo em frente pelo caminho que ele havia escolhido.

Em certo momento, ouviu uma voz que lhe chamava. Era um velho caranguejo de expressão melancólica, que estava solitário junto a um cascalho.

– Bom dia! – disse o jovem caranguejo.

O velho caranguejo o observou cuidadosamente e lhe perguntou:

– O que pensa que está fazendo? Também eu, quando era jovem, pensava que ensinaria a outros caranguejos a caminhar para frente. E olhe o que eu ganhei... Vivo sozinho e os outros não me dirigem a palavra. Escute-me, leve-me em consideração enquanto há tempo. Contente-se em fazer e viver como os outros, a caminhar como a maioria dos caranguejos e um dia me agradecerá pelo bom conselho.

O jovem caranguejo não sabia o que responder, então não disse nada. Mas pensava, "eu tenho razão". E despedindo-se gentilmente do velho caranguejo, retomou corajosamente seu caminho.

Chegará muito longe? Fará fortuna? Conseguirá consertar, mudar as coisas desordenadas deste mundo?

Isso nós não sabemos, porque ele continua caminhando com a mesma coragem e decisão do primeiro dia. Só podemos desejar-lhe, de todo coração: Boa viagem!

Rodari, Gianni. *Cuentos por Telefono*. Barcelona: Editorial Juventud, S. A, 18 ed., 2002, p. 48 e 49. (Tradução de Márcia B. Fagundes).

SUGESTÃO DE ATIVIDADE – I

Objetivos:

- Refletir sobre a liberdade em família.
- Refletir sobre a liberdade de ser criativo e romper com os padrões e os modelos estabelecidos.

Procedimentos:

a) Leia o texto "O jovem caranguejo".

b) O educador(a) discute com os participantes os seguintes pontos:

> – O jovem caranguejo ousou usar de sua liberdade para criar, ser diferente do grupo familiar em que ele vivia. Muitas vezes, dessa maneira é que surgem invenções, que descobertas são feitas, que canções e outras inspirações florescem. Mas o pai do caranguejo o colocou para fora de casa, justamente porque ele pensava e queria agir diferente.

> – E como é com cada um de vocês alunos? O que vocês, educadores(as), têm de semelhante com o caranguejo da história? E as suas famílias, como lidam com o que vocês pensam de diferente?

– Na maioria das vezes, como é na sua casa, com seus familiares ? O seu querer e a sua vontade estão sempre sendo atendidos ou o q e você quer é sempre negado?

– Em família, você, aluno, é egoísta e pensa só no seu querer ou considera e leva em conta o querer dos outros?

– O caranguejo defendeu o seu desejo. E você, aluno, sabe defender o seu? Consegue fazer isso sem passar por cima da vontade dos outros? Você persiste ou insiste no seu desejo?

c) O velho caranguejo relatou sua experiência de, quando jovem, ter tentado ser e viver diferente do grupo, de não ter seguido os valores e as tradições da sua comunidade. Parece que para ele não valeu a pena... O que você acha disso?

– Será que só existe uma maneira certa de viver ou depende do querer e da vontade de cada um? Vocês concordam com o ponto de vista de que o que é bom para uns pode não fazer bem a outros...?

LEITURA ILUSTRATIVA

O estripador de Laranjeiras

Carlos Eduardo Novaes

As pessoas estão com medo. Expressões tensas, gestos nervosos, olhares desconfiados, todos à beira do pânico. Uma simples faísca pode provocar a explosão.

Constatei esse clima uma tarde quando saí de casa para comprar pão. Parado na porta da padaria, já com dois pãezinhos debaixo do braço, num momento de bobeira, acendi um cigarro, olhei o tempo e procurei pelas horas. Não havia relógio à minha volta. Vi uma senhora caminhando apressada pela calçada, bolsa apertada contra o peito. Aproximei-me, sem ser visto, e toquei de leve no seu ombro. A mulher virou-se e deu um berro monumental:

– UAAAAAIIIII! – e saiu correndo.

Precipitou-se uma reação em cadeia. A mulher correu para um lado, eu, sem saber do que se tratava, corri para o outro, o jornaleiro se abaixou atrás da banca, o empregado da padaria arriou rápido a porta de ferro, o guarda de trânsito, de um salto, escondeu-se atrás de um carro, algumas pessoas correram em busca de proteção e alguém gritou: "Pega ladrão". Ouvi o grito no meio da corrida, parei de estalo e olhei para os lados querendo saber em que direção ia o ladrão (naturalmente para tomar a direção oposta). Ao parar, observei um grupo a uns 30 metros de distância correndo na minha direção aos berros de "pega ladrão". Recomecei a correr e, por via das dúvidas, passei a gritar também "pega ladrão".

Será que o ladrão sou eu? – pensei enquanto corria. A turba que vinha atrás de mim mostrava-se enfurecida demais para ouvir explicações. Dobrei a rua na disparada, vi um caminhão da PM estacionado e tratei de entrar no edifício onde mora um amigo meu, Rubem, médico homeopata.

– Que houve? – perguntou ele, ao me ver ofegante, com cara de raposa, aquela raposa perseguida nos campos ingleses por cachorros perdigueiros e cavaleiros de casacos vermelhos.

– Não sei, Rubem. Acho que estão perseguindo um assaltante aí na rua. Eu tô com medo. Posso ficar um pouco aqui em sua casa?

– Claro, claro. Fique à vontade. Eu já estava saindo. Vou lá no orelhão dar uns telefonemas. Talvez me demore. Você, por favor, não faça barulho que mamãe chegou agora da rua, foi dormir um pouquinho. Ela anda muito tensa com essa onda de assaltos, você sabe...

Rubem desceu. Dei um tempo para recuperar a respiração normal e fui até a janela ver se já haviam apanhado o ladrão. Quando abri a janela e meti a cara, lembrei-me do Papa em suas aparições na sacada da Basílica de São Pedro. Havia uma multidão na rua, que ao me ver começou a gritar:

– Olha ele lá!

– Tá lá o assaltante! – gritavam, apontando para mim.

– Pega! Já invadiu um apartamento! Pega!

Quer dizer que o ladrão sou eu? Permaneci alguns segundos sem entender, depois passei a gritar para a turba lá embaixo, gesticulando:

– Não! Não sou eu, não! Eu não! Deve haver algum engano!

A turba não ouvia. Gritava e babava de ódio. Afastei-me da janela pensando em como me explicar melhor. Sem querer, esbarrei num vaso em cima de uma cristaleira. O vaso se esborrachou no chão com grande estardalhaço. Curvei-me em silêncio para catar os cacos e ouvi uma voz feminina atrás de mim:

– Rubem?

Quando me virei, a senhora fez uma expressão de pavor e correu para a janela aos berros:

– Socorro! Socorro! Me salvem! Ele me seguiu até aqui! Quer me matar com um caco de vidro!

Tentei me explicar. A senhora, em estado de choque, não ouvia nada:

– Ele vai me matar! Ele vai me matar! – uivava, debruçando-se na janela.

Que loucura! Antes de mais nada, pensei, tenho que tirar essa velha doida da janela. Aproximei-me, tapei-lhe a boca e puxei-a para dentro. Naturalmente, fui visto pela multidão lá embaixo, que, diante da cena, passou a entoar um novo coro:

– Olha lá! Olha lá! Ele vai matar a velha!

– É o tarado da Gago Coutinho! Só ataca velhas!

– Peguem o assassino!

– Peguem o Estripador de Laranjeiras!

A essa altura havia milhares de pessoas na rua. A PM, que pedira reforços, passou um cordão de isolamento diante do prédio e já contava com o apoio da Polícia do Exército, do Corpo de Bombeiros, dos Fuzileiros Navais. Alguns helicópteros sobrevoavam o edifício. Dentro do apartamento, eu rolava pelo chão numa luta corporal com a velha. Como não sossegasse, fui obrigado a lhe aplicar um golpe de caratê para que desmaiasse. Depois, ao acordar eu daria as explicações necessárias e pediria desculpas. Levantei-me, deixando a senhora com as vestes rasgadas estirada no tapete. Ouvi, então, uma voz vindo da rua através de um alto-falante:

– Atenção! Atenção, Estripador de Laranjeiras, se você não sair, nós vamos entrar! Deixe suas armas e saia pela portaria principal com as mãos sobre a cabeça! Atenção, Estripador, você tem cinco minutos para sair!

Juro que não sabia o que fazer. Olhei à volta. Minhas armas eram dois pãezinhos franceses. Tinha saído para comprar pão e só porque a população da cidade está tensa já virei o Estripador de Laranjeiras. Onde está o Rubem que não chega? Rubem, atrás do cordão de isolamento, discutia com o coronel-chefe da Operação Estripador.

– O senhor não pode entrar! – dizia o coronel.

– Mas eu moro aqui no prédio...

– Sinto muito, mas tem um assassino à solta dentro do prédio. Só estamos autorizando as pessoas a sair. Entrar, nunca!

– Eu só saí para dar uns telefonemas – insistiu Rubem.

– Estou com um amigo lá em casa.

– Qual é o apartamento em que o senhor mora?

Rubem caiu na asneira de apontar. O coronel arregalou os olhos.

– Mas é onde está escondido o Estripador de Laranjeiras!

– O quêêê? – berrou Rubem.

E não teve tempo de dizer mais nada. O coronel gritou "um cúmplice", e imediatamente um bando de policiais caiu sobre o Rubem, arrastando-o para um camburão.

– Pegamos o cúmplice – disse o coronel para o capitão.

– Agora só falta o Estripador. Quantos minutos já se passaram?

– Quatro! Se ele não sair, coronel, creio que só há uma solução: pedir aos moradores para evacuarem o prédio e implodi-lo.

– Atenção, Estripador – berrou o coronel no megafone.

– Você tem apenas um minuto para descer. Largue essa velhinha, que nada lhe acontecerá!

Lá embaixo os boatos fervilhavam. Ninguém tinha dúvidas de que eu havia invadido o apartamento daquela senhora. Algumas pessoas, enquanto aguardavam o desfecho, diziam aos policiais que o Estripador tinha preferência por senhoras com mais de 70 anos. No apartamento, eu não sabia o que fazer. Ficar seria pior: eles acabariam arrombando a porta e, como nos filmes, iam entrar atirando. Resolvi me apresentar. Desci os três andares pela escada e parei na porta do prédio, segurando sobre a cabeça, com as duas mãos, o embrulhinho cinza da padaria. Um silêncio de espanto correu pela espinha da multidão. Observei as pessoas cochichando.

– Olha a cara dele! Cara de facínora!

– Repara no ar de tarado! Olha as olheiras! É um criminoso típico! Não engana ninguém!

Escutei ruídos de algumas armas sendo engatilhadas. O coronel, à distância, gritou para mim:

– Jogue fora essa arma que você tem aí embrulhada, Estripador.

– Não é arma: é meu pão!

O coronel deu um sorriso de descrença. Entre eu, na porta do prédio, e a tropa havia uma distância de uns 20 metros. Desembrulhei o pão e joguei-o aos pés do coronel. O coronel ao ver aquele objeto (não identificado) voando na sua direção, correu e gritou:

– Corram! Abaixem-se!

Foi uma correria infernal. Abriu-se uma clareira em torno do pão que caiu, quicou duas vezes e parou. Todos olhavam para o pão esperando que explodisse a qualquer momento. Ninguém tinha coragem de se aproximar.

– Vá chamar um desativador de bombas – disse o coronel, olhando de binóculo para o artefato de trigo. – Diga que a bomba está dentro de um pão... um pão francês.

Como o pão não explodiu, a tropa de choque levantou-se e foi caminhando para ele, com vagar e temor. Quando já estavam a um metro do pão, eu, que continuava parado na porta do prédio, joguei o segundo. Saiu todo mundo correndo novamente. Coloquei as mãos na cabeça e me entreguei ao coronel.

– Que é que você estava fazendo com esses pães, Estripador?

– Tinha acabado de comprar. Saí só pra comprar pão.

– Se, sei. Conta outra, Estripador – comentou o coronel com sorriso irônico. – Quer dizer que esse alvoroço todo foi só porque você saiu para comprar pão?

– Não, senhor. Tudo isso aconteceu porque eu fui perguntar as horas a uma senhora.

– Perguntar as horas? – repetiu o coronel sem acreditar.

O coronel chamou o capitão. Ouvi quando ele disse baixinho: "Trata-se de um louco. Traga uma camisa-de-força, vamos interná-lo num hospital psiquiátrico". No momento em que eu ia começar a me explicar, aproximou-se um sargento que tinha ido revistar o apartamento dizendo que a senhora estava desmaiada na sala com as vestes rasgadas. Bem, aí desisti e tratei de me compenetrar que eu era mesmo o Estripador de Laranjeiras.

NOVAES, Carlos Eduardo. *A cadeira do dentista e outras crônicas.*
Para Gostar de Ler, 7 ed., vol. 15, Editora Ática, 1997.

SUGESTÃO DE ATIVIDADE – II

Objetivo:

• Estimular a reflexão sobre a liberdade na comunidade onde se vive.

Procedimentos:

a) Leia o texto "O estripador de Laranjeiras".

b) Dialoguem e discutam em grupo (educador(a) e alunos).

– Pense na comunidade em que você/aluno vive: o prédio, a rua, o bairro e, de forma mais ampla, a cidade.

– O texto retrata de forma cômica um medo constante das pessoas que moram em cidades grandes:

o medo da violência. Muitas pessoas queixam-se que perderam a liberdade de ir e vir, de transitar pelas ruas com tranqüilidade.

– Vocês conseguem ver alguma semelhança entre a comunidade retratada na crônica e a comunidade em que vocês vivem? E as diferenças?

– Liberdade é fazer o que se quer e como quer. Será? Então, onde está o limite na liberdade? Qual a relação entre liberdade e limite? Uma pessoa livre pode conviver com limites?

– Estabeleçam uma relação entre liberdade, regras e leis.

LEITURA ILUSTRATIVA

Escola Osarta do Pensamento

Lygia Bonjuga Nunes

Era uma vez um pavão, muito bonito e feliz. Mas era um pavão que pensava e gostava de ter liberdade de pensamento. Ele não queria ser exibido apenas para ganhar dinheiro para seus donos. Porém, seus donos não eram da mesma opinião, e então resolverão mandá-lo para uma escola onde o pavão iria aprender a ser "bonzinho", obediente, para aceitar tudo o que eles quisessem.

"A escola pra onde levaram o Pavão se chamava Escola Osarta do Pensamento. Bolaram o nome da escola pra não dar muito na vista. Mas quem estava interessado no assunto percebia logo: era só ler Osarta de trás pra frente.

A Osarta tinha três cursos: o Curso Papo, o Curso Linha, e o Curso Filtro.

O Curso Papo era isso mesmo: papo. Batiam papo que só vendo. O Pavão até que gostou; naquele tempo o pensamento dele era normal, ele gostava de conversar, de ficar sabendo o que é que os outros achavam, de achar também uma porção de coisas. Só tinha um problema: ele não podia achar nada; tinha que ficar quieto escutando o pessoal falar. Se abria o bico ia de castigo; se pedia para ir lá fora ia de castigo; se cochilava (o pessoal falava tanto que dava sono), acordavam ele correndo pra ele ir de castigo.

O Pavão então resolveu toda a hora abrir o bico, ir lá fora, cochilar – só pra ficar de castigo e não ouvir mais o pessoal falar. Não adiantou nada, deram pra falar na hora do castigo também. E ainda por cima falavam dobrado.

O Pavão era um bicho calmo, tranqüilo. Mas com aquele papo todo o dia o dia todo a todo instante, deu pra ir ficando apavorado. Se assustava à toa, qualquer barulhinho e já pulava pra um lado, o coração pra outro. Pegou tique nervoso: suspirava tremidinho, a toda a hora sacudia a última pena do lado esquerdo, cada três quartos de hora sacudia a penúltima do lado direito.

O Curso Papo era pra isso mesmo: pro aluno ficar com medo de tudo. O pessoal da Osarta sabia que quanto mais apavorado o aluno ia ficando, mais o pensamento dele ia atrasando. E então eles martelavam o dia inteiro no ouvido do Pavão:

– Não sai aqui do Curso. Você saindo, você escorrega, você cai, cuidado, hem? cuidado. Olha, olha, você tá escorregando, tá caindo, não disse?! Você vai ficar a vida toda pertinho dos teus donos, viu? Não fica nunca sozinho. Ficar sozinho é perigoso: você pensa que tá sozinho mas não está: tem fantasma em volta. Olha o bicho-papão. Cuidado com a noite. A noite é preta, cuidado.

Inventavam coisas horríveis pra contar da noite. E diziam que se o Pavão não fizesse tudo que os donos dele queriam, ele ia ter brotoeja, dores de barriga horrorosas, era capaz de morrer assado numa fogueira bem grande.

O Pavão cada vez se apavorava mais. Lá pro meio do curso ele pegou um jeito esquisito de andar: experimentava cada passo que dava, pra ver se não escorregava, se não caía, se não tinha brotoeja, se não acabava na fogueira. E na hora de falar também achava que a fala ia cair, escorregar, trancava o bico, o melhor era nem falar. E então as notas dele começaram a melhorar.

No princípio do curso o Pavão só tirava zero, um, dois no máximo. Mas com o medo aumentando, as notas foram melhorando: três, quatro, cinco; e teve um dia que o Pavão teve tanto medo de tanta coisa que acabou ganhando até um sete. (Nota dez era só pra quando o aluno ficava com medo de pensar. Aí o curso estava completo, davam diploma e tudo). No dia que o Pavão ganhou nota sete, de noite ele sonhou. Um sonho muito bem sonhado, todo amarelo, azul e verde alface. Sonhou que o pessoal do Curso Papo falava, falava, falava e ele não escutava mais nada: tinha ficado surdo. Acordou e pensou: taí, o jeito é esse. Foi pra aula. Estavam encerando o corredor da escola. Pegou um punhado de cera e, com um jeito bem disfarçado, tapou o ouvido. Daí pra frente o Pavão ficava muito sério olhando o pessoal do Curso falando, falando, e ele – que bom! – sem poder escutar.

Fizeram tudo. Falaram tanto que ficaram roucos. Um deles chegou até a perder a voz. Mas não adiantava: o medo do Pavão não aumentava; não se espalhava; tinha empacado na nota sete e pronto. Resolveram então levar o Pavão pro Curso Linha."

NUNES, Lygia Bojunga. *A Casa da Madrinha*.
18 ed. Rio de Janeiro: Editora Agir, 2000, p. 24-25.

SUGESTÃO DE ATIVIDADE – III

Objetivo:

• Refletir sobre a liberdade na escola.

Procedimentos:

a) Leia o texto "Escola Osarta do Pensamento".

b) Discuta e dialogue sobre as seguintes questões:

• Existe alguma semelhança entre a sua escola e a do pavão?

• Em que ela é diferente?

• Quem na turma se considera um aluno "bonzinho"?

• Na escola Osarta os professores estimulavam o sentimento de medo para inibir o pensamento e reprimir a ação. Qual é a proposta da sua escola, o que ela estimula e desenvolve nos alunos? Como os alunos se sentem nessa escola?

• Como são as regras, as normas da escola? Elas funcionam bem?

• Diga uma norma da escola com que os alunos não concordam e explique o porquê.

LEITURA ILUSTRATIVA

Liberdade, Liberdade

Flávio Rangel e Millôr Fernandes

Liberdade, Liberdade é um dos maiores clássicos do teatro brasileiro. Esta peça lançou no Brasil a idéia de um espetáculo teatral baseado em seleção de textos históricos importantes e traz as idéias de liberdade através dos tempos. Estreou no dia 21 de abril de 1965, no Rio de Janeiro, numa produção do Grupo Opinião e do Teatro de Arena de São Paulo. Montada em plena ditadura militar, foi proibida pela censura poucos meses depois de sua estréia.

1ª Parte

(*Ainda com as luzes da platéia acesas, ouvem-se os primeiros acordes do Hino da Proclamação da República. Apaga-se a luz da platéia. Ao final da Introdução, um acorde de violão, e Nara Leão canta, ainda no escuro.*)

Nara

Seja o nosso País triunfante,
Livre terra de livres irmãos...

Coro

Liberdade, liberdade,
Abre as asas sobre nós,
Das lutas, na tempestade,
Dá que ouçamos tua voz...
(*Acende-se um refletor sobre Paulo Autran. Ele diz.*)

Paulo

Sou apenas um homem de teatro. Sempre fui e sempre serei um homem de teatro. Quem é capaz de dedicar toda a vida à humanidade e a paixão existentes nestes metros de tablado, esse é um homem de teatro. Nós achamos que é preciso cantar (*Acordes da Marcha da Quarta-feira de Cinzas*) – Agora, mais que nunca, é preciso cantar. Pó isso,

"Operário do canto, me apresento
sem marca ou cicatriz, limpas as mãos,
minha alma limpa, a face descoberta,
aberto o peito, e – expresso documento –
a palavra conforme o pensamento.

Fui chamado a cantar e para tanto
há um mar de som no búzio de meu canto.
Trabalho à noite e sem revezamentos.
Se há mais quem cante, cantaremos juntos;
Sem se tornar com isso menos pura,
A voz sobe uma oitava na mistura.
Não canto onde não seja a boca livre,
Onde não haja ouvidos limpos e almas
afeitas a escutar sem preconceito.
Para enganar o tempo – ou distrair
criaturas já de si tão mal atentas,
não canto... Canto apenas quando dança,
nos olhos dos que me ouvem, a esperança."

Coro

E no entanto é preciso cantar,
mais que nunca é preciso cantar,
é preciso cantar e alegrar a cidade...
(*Inversão do foco de luz, que de Paulo vai para Nara.*)

Nara

A tristeza que a gente tem,
Qualquer dia vai se acabar,
Todos vão sorrir,
Voltou a esperança
É o povo que dança
Contente da vida,
Feliz a cantar.

Coro

Porque são tantas coisas azuis
Há tão grandes promessas de luz,
Tanto amor para amar de que a gente nem sabe...
(*Inverte-se novamente o foco de luz de Nara para Paulo*)

96

Paulo
Canto apenas quando dança,
Nos olhos dos que me ouvem, a esperança.

....

(*Uma pausa. Depois, Tereza fala.*)

Tereza
Mil e muitas mil são as liberdades humanas. Numa rápida discussão, os autores deste espetáculo conseguiram fixar algumas delas. A fundamental: liberdade física, ser dono do próprio corpo, poder ir e vir livremente.

Nara e Coro
Vai, vai, vai pra Aruanda
Vem, vem, vem de Luanda
Deixa tudo que é triste, vai,
Vai, vai pra Aruanda.

Vianna
Depois dessa liberdade, que já é uma conquista do ser humano, a mais importante é a liberdade econômica:

Nara
Etelvina! Acertei no milhar!
Ganhei cinco mil contos,
Vou deixar de trabalhar.

Paulo
No original era quinhentos contos, mas fizemos a correção monetária.

Nara
Eu vou comprar um avião azul
E percorrer a América do Sul.

Tereza
Infelizmente, a liberdade econômica é ainda uma ilusão:

Nara
Mas de repente, mas de repente,
Etelvina me acordou
– está na hora do batente –

Coro
Mas de repente, mas de repente,
Etelvina me acordou
Foi um sonho, minha gente.

Paulo
O direito à habitação:

Nara
Eu nasci pequenininho
Com a sorte que Deus me deu;
Todo mundo mora direito,
Quem mora torto sou eu;
Eu não tenho onde morar,

Coro
É por isso que eu moro na areia
Eu não tenho onde morar,
É por isso que eu moro na areia.

Vianna
A liberdade de profissão:

Paulo
Entra pra dentro, Chiquinha!
Entra pra dentro, Chiquinha!
No caminho que você vai
Você acaba prostituta!
E ela:
– Deus te ouça, minha mãe...
Deus te ouça...

Vianna
Para que o cidadão do país seja mais livre, é preciso que as riquezas produzidas no país fiquem no país!

Tereza
Muito bem!

Nara
Seu português agora deu o fora
Foi-se embora e levou meu capital;
Esqueceu quem tanto amou outrora,
Foi no Adamastor pra Portugal

Coro
Pra se casar com a cachopa
E eu pergunto –

Nara
Com que roupa?

Tereza
Conquista do ser humano: o direito ao lazer:

Paulo
Hora de comer – comer!
Hora de dormir – dormir!
Hora de vadiar – vadiar!
Hora de trabalhar?
– Pernas pro ar que ninguém é de ferro!

Vianna
Sempre que mais de meia dúzia de pessoas se reúnem, a liberdade individual cede aos interesses coletivos.

RANGEL, Flávio & FERNANDES, Millôr. *Liberdade, liberdade.*
Porto Alegre: L&PM, Coleção L&PM Pocket, v. 18, 2000.

SUGESTÃO DE ATIVIDADE – IV

Objetivo:

- Refletir sobre liberdade e poder.

Procedimentos:

a) Tome conhecimento da peça de teatro inteira a partir da leitura do texto anterior.

b) Contextualize a peça *Liberdade, Liberdade!* com o momento histórico em que ela foi escrita e apresentada.

c) Nessa peça, autores, diretores, todos os artistas envolvidos usam o poder da arte para alterar uma realidade, que é o regime ditatorial da época.

d) Escrevam e encenem um episódio com a turma. Usem do poder para alterar a realidade da escola, da família, da comunidade e expressem vocês também através da arte. Atuem para melhorar a vida de cada um e das pessoas com as quais convivem. A organização dos alunos, para esse trabalho, fica a critério do educador(a).

---LEITURA ILUSTRATIVA---

O mito dos carajás

Leonardo Boff

Segundo o relato dos carajás, o Criador os fez imortais. Eles viviam como peixes na água, nos rios, nos lagos. Não conheciam o sol, a lua, as estrelas, nada, apenas as águas.

No fundo de cada rio onde estavam havia sempre um buraco de onde saía uma luz com grande intensidade. E este era o preceito do Criador: "Vocês não podem entrar nesse buraco, senão perderão a imortalidade." Eles circundavam o buraco, deixando-se iluminar com as cores e sua luz, mas respeitavam o preceito, apesar de ser grande a tentação. "O que tem lá dentro?"

Até que um dia, um carajá afoito se meteu pelo buraco adentro. E caiu nas praias esplêndidas do rio Araguaia, que são praias alvíssimas, belíssimas. Ficou maravilhado. Viu o sol, pássaros, paisagens soberbas, flores, borboletas. Por onde dirigia o olhar ficava cada vez mais boquiaberto. E quando chegou o entardecer, e o sol sumiu, pensou em voltar para os irmãos. Mas aí apareceram a lua e as estrelas. Ficou ainda mais embasbacado e passou a noite se admirando da grandiosidade do universo.

E quando pensou que já ia avançado na noite, o sol começou a despontar. Ao lembrar-se dos irmãos, ele retornou pelo buraco. Reuniu todos e contou: "Irmãos e irmãs, meus parentes, vi uma coisa extraordinária, que vocês não podem imaginar." E descreveu sua experiência. Aí, todos queriam passar pelo buraco luminoso. Então, os sábios disseram: "Mas o Criador é tão bondoso conosco, nos deu a imortalidade, vamos consultá-lo." E foram consultar o Criador, dizendo: "Pai, deixe-nos passar pelo buraco. É tão extraordinária aquela realidade que o nosso irmão afoito nos descreveu." E o Criador, com certa tristeza, respondeu: "Realmente, é uma realidade esplêndida. As praias são lindíssimas, a floresta apresenta uma biodiversidade fantástica."(O Criador já falava o nosso dialeto moderno.) E continuou: "Vocês podem ir para lá, mas há um preço a pagar. Vocês perderão a imortalidade."

Todos se entreolharam e se voltaram para o carajá afoito que primeiro violara o preceito. E decidiram passar pelo buraco, renunciando à imortalidade. A divindade então lhes disse: "Eu respeito a decisão que tomaram. Vocês terão experiências fantásticas de beleza, de grandiosidade, mas tudo será efêmero. Tudo vai nascer, crescer, madurar, decair e por fim morrer. Vocês participarão desse ciclo. É isso que querem?" E todos, unanimemente, afirmaram: "Queremos." E foram. Cometeram o ato de suprema coragem para terem a liberdade de viver a experiência da transcendência. Renunciaram à vitalidade perene, renunciaram à imortalidade. E até hoje estão lá, os carajás, naquelas praias lindíssimas.

....

Os carajás fizeram a experiência da transcendência. Essa passagem é a transcendência que revela a grandiosidade do ser humano, mas também sua dramaticidade, pois ele deve morrer tendo sempre o desejo de viver.

BOFF, Leonardo. *Tempo de Transcendência – O ser humano como um projeto infinito*. Rio de Janeiro: Sextante, 2. ed., 2000.

SUGESTÃO DE ATIVIDADE – V

Objetivos:

- Despertar nos alunos a busca de objetivos, de metas, de escolhas e o estímulo para agir em busca da realização, através da colaboração do grupo.
- Sensibilizar para o fato de que é preciso considerar o querer, o poder e o dever antes de escolher a decisão e a atitude a ser tomada.

Procedimentos:

a) O educador(a) divide os alunos em subgrupos de no mínimo dez.

b) Distribua os formulários que deverão ser preenchidos individualmente e em silêncio. Não é necessário assinar.

c) Instrua para que, após cada sinal do educador(a), cada aluno passe o formulário para o colega à esquerda e assim sucessivamente, até que todos do grupo tenham dado sugestões em todos os formulários. Insista para que ninguém deixe de dar sugestões.

d) Recolha todos os formulários antes que voltem às mãos dos seus donos. Misture todos e coloque-os no centro do grupo para que cada um localize o seu desejo.

e) Desfaça os pequenos grupos. Abra um círculo grande e dê um tempo para que todos leiam e comentem o que quiserem.

f) Anexo:

FORMULÁRIO

No máximo em cinco minutos, identifique e escreva no campo "Desejo" algo que terá prazer em alcançar ainda este ano, que já tenha tentado e não conseguiu, ou que ainda não tentou por ter muitas dificuldades. Escreva também três obstáculos para o alcance do seu desejo.

Desejo _____

Obstáculos para o alcance _____

Sugestões para alcançar o desejo _____

_____

_____

Local e data: _____

Paz

*As guerras nascem no espírito dos homens,
logo é no espírito dos homens que devem ser
erguidos os baluartes da paz.*

Fundação da UNESCO/UNIPAZ

A maioria dos homens deseja a paz; porém, o que os homens menos aprenderam foi como promovê-la. Existe uma lacuna entre aspirar à paz e a realidade da convivência cotidiana voltada para a paz. A pergunta que se faz sempre é: como concretizar esse valor tão subjetivo, essa palavra de tantos significados? Todos defendemos e desejamos a paz, mas as dificuldades de viver essa paz, nas relações pessoais, em comunidade, em grupos maiores como estados e países, têm sido uma constante.

Quando falamos de paz, inicialmente, podemos pensar na paz externa, quer dizer, a paz do "objeto" que está relacionada a um acontecimento cultural, jurídico, político e social. Já a paz interna está relacionada à paz do sujeito e à pessoa que usufrui dela, que quase sempre se caracteriza por possuir um certo grau de equilíbrio psíquico, harmonizando o pensar e o sentir, administrando de maneira mais assertiva os conflitos internos.

A paz também é entendida como ausência de conflito, lutas, violência, guerra civil, etc. A ênfase está na ausência.

Esse conceito é chamado de "paz negativa". Dentro dessa concepção, a paz é defendida, mantida através de acordos, pactos entre nações, organizações de exércitos para manter as leis e ordens estabelecidas em consenso ou não, de forma democrática ou não. Nesse conceito, a guerra se justifica como uma maneira de defesa, como uma forma de solucionar os conflitos e, então, restaurar a paz.

Já a "paz positiva" é conseguida quando há justiça social, liberdade, igualdade de oportunidades para todos e o não-conformismo e não-aceitação diante dos conflitos armados. Essa paz é conseguida e vivida nas relações interpessoais, individuais e coletivas e vai se processando gradativamente, sem a necessidade de atitudes violentas. A paz é construída com a participação de todos.

Nos últimos anos, a educação para a paz tem tomado como referência o conceito de "paz positiva". A paz deixa de ser o contrário de guerra (violência organizada) e passa a ser o contrário de violência. Esse conceito se sustenta em três aspectos: o significado de conflito, a violência estrutural e/ou violência direta e a "não-violência".

O conflito não é para ser evitado, combatido, mas para ser entendido como uma situação de convivência difícil, cuidadosa e propícia para aprendizagem. Sob esse ponto de vista, o conflito é positivo, pois acaba com o consenso passivo, traz a diversidade de idéias, opiniões, costumes acerca da melhor maneira de viver, da maneira mais correta de agir diante da vida. O conflito propicia o diálogo; é parte do processo que busca encontrar um caminho comum, uma solução mais adequada levando em conta as diferenças humanas de toda ordem. O conflito como forma de divergência natural e necessária pode ser resolvido de forma violenta ou pacífica.

A violência direta implica em agressão física. A violência estrutural está relacionada diretamente às injustiças sociais.

A "não-violência" não é simplesmente a ausência de violência. É a opção de resolver conflitos de maneira não-violenta. Significa "um estilo de vida", em que a pessoa se orienta por valores éticos, como cooperação, respeito às diferenças, justiça, preservação ambiental, solidariedade, liberdade e outros.

O conceito de paz é bem amplo, dinâmico e vem se transformando, aprimorando, e contribui para uma melhor compreensão da realidade e a conseqüente busca de atitudes mais adequadas para uma convivência pacífica dos homens entre si e demais habitantes do planeta.

Os dois macrovalores que norteiam nossa existência são a Vida e a Paz. A Vida é o primeiro dos direitos fundamentais do homem e é preservada pela Paz, que é um dever ético.

LEITURA ILUSTRATIVA

Nininho de Antônio de Afonso

Zélia Calvacanti

Nininho sou eu. De batismo sou João e de conhecimento sou Nininho de Antônio de Afonso. Antônio que era meu pai, Afonso que era meu avô. Os nomes que a gente vai recebendo na vida.

De certa feita, fiquei tanto tempo postado aqui nessa beira que o povo saiu dizendo que eu tinha endoidado. Nada. Eu tava na pasmaceira das lembranças da mocidade.

Água de rio faz assim comigo. Me deixa manso. Me traz recordação do tempo em que andei lá pelas terras de São Paulo. Pela cidade grande. Tempo doido, quando aprendi, de lá de longe, a gostar mais ainda da minha terra, do meu rio, da sombra debaixo da ponte.

Foi Meu- Tio- Moura quem me güentou um ano e qualquer coisa lá na capital. Tio de verdade, acho que nem era. Só contraparente com casa própria e emprego garantido. Daí que quem se largasse aqui das bandas do Inhambupe pra tentar a sorte por lá, levava um anotado que dizia: "Seu Moura – Rua Emerina, 53 – Jabaquara."

Antes de ser de maior, nem chegara aos dezessete e ficou acertado que na semana seguinte eu tomava o caminhão de seu Janu. Como não tinha cabeça pra escola, ia tentar a sorte em São Paulo. Era o que meu pai dizia. Não queria que ficasse homem-feito sem profissão. Sem ter do que ganhar a vida, na beira do rio como ele, pescando pra ter do que comer.

Eu não queria. Tinha medo.

Ele falou, eu fui.

Fiquei azoado uns três dias antes de juntar o pouco que tinha de meu, despedir do pai, da mãe e dos manos, e pegar coragem pra subir na boléia do caminhão. Passar pelas roças mais distantes e apanhar os companheiros de viagem. Homem, mulher, criança, velho. Famílias inteiras.

Dez dias. Em pé, atracado nas grades. Cansava. Sentava nos sacos de farinha de mandioca que seu Janu levava entre os rolos de fumo, a tapioca, os vidros de dendê. Sol a pino. Se chovia a gente abria lona e jogava sobre as traves.

Era a primeira vez que eu viajava num pau-de-arara. A segunda foi quando voltei pra cá.

Enquanto o caminho passava pelas rodas do caminhão eu ia pensando, botando a cabeça pra imaginar como era essa tal de São Paulo. Seu Né da farmácia dizia que até a capital era pequena perto dela, mas eu não conseguia acreditar. Maior que Salvador da Bahia? Parecia lorota. Mas seu Né não ia inventar, era homem estudado, sabia das coisas, lia nos livros, não ia mentir pra mim.

Era verdade e eu ia indo.

Passei toda a viagem calado, acuado num canto, querendo que aquela estrada não acabasse nunca. Vez por outra me subia um frio pela espinha, as pernas ficavam moles, a barriga gasturava.

Cheguei. Além do chapéu de couro, da alpercata de sola de pneu e da roupa do corpo, o resto dos trens vinha no meu matolão. Daí que Meu-Tio-Moura nem precisou alugar um carro. Fomos mesmo de marinete pra casa.

Fiquei muitos dias sem sair pra rua. Ia só até a ponta da calçada. Tinha medo de me perder naquele mundaréu de cidade!

Os meninos de tia Dá às vezes se riam de mim, da minha acanhação! Pros meninos da cidade eu era que nem bicho do mato: fugia quando vinha gente.

....

A casa vivia cheia de gente da gente. Povo que vinha do Norte e trazia farinha, doce cristalizado de cidra, de jenipapo, de caju, de figo miúdo, de araçá-goiaba. A parentada mandava porque sabia que por lá era difícil encontrar dessas coisas boas que quem é daqui fica triste se não tem. Chegava de um tudo. Até carne-de-sol, camarão seco, castanha assada na brasa, cocada-puxa.

Fim de semana sempre parecia de festa. Almoço grande, sábado e domingo.

....

Vez por outra tinha carta até pra mim. Era a tia Dá quem lia porque eu não me acertava direito com o dizer das letras.

Ouvindo as notícias do meu povo eu nem dava por mim, esquecido que tinha ido pra São Paulo me fazer na vida.

Se fazer na vida! Tá aí uma coisa difícil.

De estudo, tinha pouco. De conhecimento na vida, um pouco de motor de caminhão, outro tanto de plantar mandioca, colher e enrolar fumo.

Olhando meu pai, desde que me entendi por gente, aprendi de um tudo, pouco. Mas, disso tudo, nada me ajudou na cidade grande.

Já tinha seis meses da minha chegada.

Tio me pôs pra trabalhar num campo de futebol de time grande, importante. Eu ficava ali apanhando as bolas nos jogos de treino. Fiquei pouco tempo. Arranjaram um outro moleque mais "ligeiro e menos matuto", disse o diretor.

Sem emprego, voltei a passar os dias limpando os canteiros do jardinzinho da tia, olhando as brincadeiras dos meninos na rua, preparando as leiras de verdura e cuidando das árvores de frutas que tio mantinha no quintal da casa. Eu gostava de ficar ali dentro do pedaço da minha terra que cabia dentro da cidade grande.

A lufa-lufa no comércio me punha azoado.

Se ia cumprir um mandado da tia, mesmo que fosse num lugar bem conhecido, na casa de uma amizade dela ou dos meninos, ia e vinha correndo.

Quando tinha de ir pelas ruas cheias, seguia as passadas de tio que nem um busca-pé. Nem apreciava os passantes. Nem arriscava o olho nas coisas que as lojas mostravam. Queria logo voltar pra casa. Tinha medo de me perder, de ficar sozinho no meio de tanto desconhecimento.

Quanto mais o tempo andava mais eu sentia que não ia dar certo pra mim, ficar na cidade grande. Vivia de susto em susto, acanhado, desassossegado.

Tudo que aprendia, nada que eu via, fazia deixar de pensar na minha terra, na calmaria do rio, na minha beira.

A cidade grande não me ensinou do trabalho, nem das palavras, nem das riquezas. Do medo que sentia das coisas que não conhecia, aprendi que fui feito homem pra viver aqui, pra roça e pro rio. Pra comer carne-de-sol de manhãzinha, quentar sol na escadaria da igreja, ouvir os causos de seu Pedrito lá na rua do Comércio, trabalhar no que sei e no que posso.

Tem homem que a vida faz pra viver na cidade grande. Não eu.

PIETRO, Heloísa (Org.). *O livro dos medos – Histórias contadas por...* Ilustradas por Maria Eugênia. São Paulo: Companhia das Letrinhas, 2001, 2 ed., 4ª reimpressão.

SUGESTÃO DE ATIVIDADE – I

Objetivos:

- Refletir sobre a "paz do sujeito", ou "paz interior" como uma relação adequada entre o que desejamos e as nossas possibilidades. Relacionar "paz interior" com as escolhas que fazemos na vida.
- Destacar que a "paz do sujeito" exige autoconhecimento.

Procedimentos:

a) Atividade conduzida pelo educador(a).

- Destaque alguns pontos que podem ser ressaltados e discutidos após a leitura do texto ilustrativo.
- O personagem Nininho descobriu suas necessidades e desejos pessoais, considerando suas possibilidades, e voltou para o interior. Pensando sobre o valor Liberdade visto em capítulo anterior, você concordaria em dizer que Nininho teve liberdade de escolha?

- A estória de Nininho nos remete à de inúmeros adolescentes que saem do interior e vêm para a capital para fazer o segundo grau, tentar vestibular, procurar um trabalho "melhor" ou outras oportunidades. O sentimento de medo – do novo – na vida, de fazer mudanças costuma estar sempre presente. E você, já viveu esse medo? Gostaria de morar em outra cidade? Já morou? Mora com amigos, com irmãos, com a família ? Relate para os colegas a experiência de sair do interior e vir morar na capital. Conte sobre os primeiros tempos, quando os colegas achavam engraçado seu jeito às vezes diferente de falar, o sotaque...

- De alguma maneira Nininho fez uma escolha profissional. Decidiu onde e como queria trabalhar. Você já está pensando nisso?

- Muitos adolescentes, jovens vão para "a capital" estudar e, muitas vezes, não se adaptam. Acontece que a vida na "cidade grande" é diferente! Converse com seus colegas, conhecidos e indague sobre as vantagens de morar no interior e na "cidade grande".

- Muitos jovens fazem intercâmbio e vão para outros países para estudar, aprender outra língua e conhecer uma cultura diferente. Costumam ficar por períodos de seis meses a um ano. Alguns voltam insatisfeitos porque gostariam de ficar e construir a vida por lá. Outros voltam e, apesar de acharem a experiência boa, querem viver no seu país e se sentem melhores assim. Aproveite, converse com garotos(as) que fizeram intercâmbio, troque idéias!

- Faça como Nininho: encontre o "seu lugar no mundo" e tenha muita paz interior.

―――――**LEITURA ILUSTRATIVA**―――――

Carta do índio Seattle ao presidente dos Estados Unidos

(Esta carta foi escrita em 1855, por um índio norte-americano de nome Seattle, cacique da tribo Duwamish, ao então presidente dos Estados Unidos. O texto original foi extraído do jornal semanário Pasquim /1988, e alguns parágrafos foram reordenados e sofreram alguns cortes. Não se tem certeza da autenticidade do texto.)

O Grande Chefe de Washington mandou dizer que deseja comprar a nossa terra. O Grande Chefe assegurou-nos também de sua amizade e benevolência. Isto é gentil de sua parte, pois sabemos que ele não precisa da nossa amizade.

Vamos, porém, pensar em sua oferta, pois sabemos que, se não o fizermos, o homem branco virá com armas e tomará nossa terra. O Grande Chefe de Washington pode confiar no que o Chefe Seattle diz, com a mesma certeza com que nossos irmãos brancos podem confiar na alteração das estações do ano. Minha palavra é como as estrelas – elas não empalidecem.

Como podes comprar ou vender o céu, o calor da terra? Tal idéia é-nos estranha. Se não somos donos da pureza do ar ou do resplendor da água, como então podes comprá-los?

O homem branco esquece a sua terra natal, quando – depois de morto – vai vagar por entre as estrelas. Os nossos mortos nunca esquecem esta formosa terra, pois ela é a mãe do homem vermelho. Somos parte da terra e ela é parte de nós. As flores perfumadas são nossas irmãs; o cervo, a grande águia são nossos irmãos. As cristas rochosas, os sumos das campinas, o calor que emana do corpo de um *mustang* e o homem – todos pertencem à mesma família.

Sabemos que o homem branco não compreende o nosso modo de viver. Para ele um lote de terra é igual a outro, porque ele é um forasteiro que chega na calada da noite e tira da terra tudo o de que necessita. A terra não é sua irmã, mas sim sua inimiga, e, depois de a conquistar, ele vai embora. Deixa para trás os túmulos de seus antepassados e nem se importa, arrebata a terra das mãos de seus filhos e não se importa. Ficam esquecidos a sepultura de seu pai e o direito de seus filhos à herança. Ele trata sua mãe – a terra – e seu irmão – o céu – como coisas que podem ser compradas, saqueadas, vendidas. Sua voracidade arruinará a terra, deixando para trás apenas um deserto.

Cada torrão desta terra é sagrado para meu povo. Cada folha reluzente de pinheiro, cada praia arenosa, cada véu de neblina na floresta escura, cada clareira e inseto a zumbir são sagrados nas tradições e na consciência do meu povo. A seiva que circula nas árvores carrega consigo as recordações do homem vermelho.

Não sei. Nossos modos diferem dos teus. Mas talvez isso seja assim por ser o homem vermelho um selvagem que de nada entende. Portanto, quando o Grande Chefe de Washington manda dizer que deseja comprar nossa terra, ele exige muito de nós. Porque essa terra é para nós sagrada.

Esta água brilhante que corre nos rios e regatos não é apenas água, mas sim o sangue de nossos ancestrais. Se te vendermos a terra, terás de te lembrar de que ela é sagrada e terás de ensinar a teus filhos que é sagrada, e que cada reflexo espectral na água límpida dos lagos conta os eventos e as recordações da vida de meu povo. O rumorejar da água é a voz de meu pai.

Os rios são irmãos, eles apagam nossa sede. Os rios transportam nossas canoas e alimentam nossos filhos. Se te vendermos nossa terra, terás de te lembrar e ensinar a teus filhos que os rios são irmãos nossos e teus e terás de dispensar aos rios a afabilidade que darias a um irmão.

O ar é precioso para o homem vermelho, porque todas as criaturas respiram em comum – os animais, as árvores, o homem. O homem branco parece não perceber o ar que respira. Como um moribundo em prolongada agonia ele é insensível ao ar fétido. Mas se te vendermos nossa terra, terás que te lembrar de que o ar reparte o seu espírito com toda vida que sustenta. O vento, que deu ao nosso bisavô o seu primeiro sopro de vida, também recebe o seu último suspiro. E se te vendermos nossa terra, deverás mantê-la reservada, feito santuário, como um lugar em que o próprio homem branco possa ir saborear o vento, adoçado com a fragrância das flores campestres.

Assim, pois, vamos considerar a tua oferta para comprar nossa terra. Se decidirmos aceitar, farei uma condição: o homem branco deve tratar os animais desta terra como se fossem seus irmãos.

Sou um selvagem e desconheço que possa ser de outro jeito. Tenho visto milhares de bisões apodrecendo na pradaria, abandonados pelo homem branco que os abatia a tiros disparados do trem em movimento. Sou um selvagem e não compreendo como um fumegante cavalo de ferro possa ser mais importante do que um bisão que (nós – os índios) matamos apenas para o sustento de nossas vidas.

O que é o homem sem os animais? Se todos os animais acabassem, o homem morreria de uma grande solidão de espírito. Porque tudo quanto acontece aos animais, logo acontece ao homem. Tudo está relacionado entre si.

Deves ensinar a teus filhos que o chão debaixo de teus pés são as cinzas de nossos antepassados. Para que tenham respeito ao país, conta a teus filhos que as riquezas da terra são a vida de nossos "parentes". Ensina a teus filhos o que temos ensinado aos nossos: que a terra é a nossa mãe. Tudo quanto fere a terra – fere os filhos da terra. Se os homens cospem no chão, cospem sobre eles próprios.

De uma coisa sabemos: a terra não pertence ao homem; é o homem que pertence à terra. Disso temos certeza. Todas as coisas estão interligadas, como o sangue que une uma família. Tudo está relacionado entre si.

Tudo quanto agride a terra, agride os filhos da terra. Não foi o homem que teceu a trama da vida: ele é meramente um fio da mesma. Tudo que fizer à trama, a si próprio o fará.

SUGESTÃO DE ATIVIDADE – II

Objetivos:

• Refletir sobre viver em paz, em harmonia com o meio ambiente, com a natureza.

• Sensibilizar para a construção de um mundo melhor.

Procedimentos:

a) Construa o Origami "A pomba da paz" seguindo os passos indicados, de acordo com o modelo.

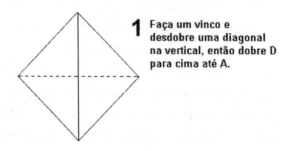

1 Faça um vinco e desdobre uma diagonal na vertical, então dobre D para cima até A.

2 Dobre as bordas AD, B e AD, C para o vinco central.

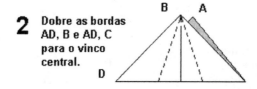

3 Dobre para fora os cantos B e C.

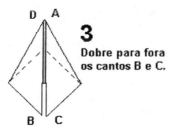

Observe o formato do papel. Puxe para fora D de dentro de A. **4**

5 Alise D juntando ao topo de A.

6 Vire.

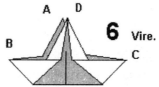

7 Faça uma dobra, conforme demonstrado, separando A de D e trazendo C até tocar B.

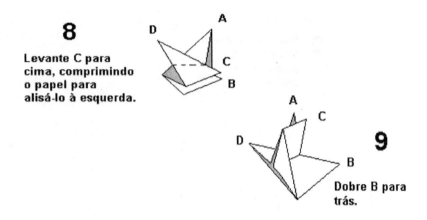

8 Levante C para cima, comprimindo o papel para alisá-lo à esquerda.

9 Dobre B para trás.

10 Faça a dobra do reverso com D. Dobre para fora os cantos da parte inferior para ficarem longe das asas e para criar uma base estável de equilíbrio para a pomba.

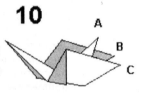

11 A pomba da paz está concluída.

b) Escrever um slogan sobre a paz em uma das asas da pomba. Na outra asa se identifique. Seja criativo, você pode ser o ganhador deste concurso!

c) Convidar alguns professores de outras disciplinas da sua série para fazer uma comissão e votar no melhor slogan da turma.

d) O prêmio para o vencedor fica a critério do professor, dos alunos ou da escola, contando que seja do conhecimento de todos desde o início da atividade.

LEITURA ILUSTRATIVA

O último discurso

Do filme *O grande ditador*
de Charles Chaplin

Sinto muito, mas não pretendo ser um imperador. Não é esse o meu ofício. Não pretendo governar ou conquistar quem quer que seja. Gostaria de ajudar – se possível – judeus, nativos... negros... brancos.

Todos nós desejamos ajudar uns aos outros. Os seres humanos são assim. Desejamos viver para a felicidade do próximo – não para o seu infortúnio. Por que havemos de odiar e desprezar uns aos outros? Neste mundo há espaço para todos. A terra, que é boa e rica, pode prover a todas as nossas necessidades.

O caminho da vida pode ser o da liberdade e da beleza, porém nos extraviamos. A cobiça envenenou a alma dos homens... levantou no mundo as muralhas do ódio... e tem-nos feito avançar para a miséria e a morte. Criamos a época da velocidade, mas nos sentimos enclausurados dentro dela. A máquina, que produz abundância, tem-nos deixado em penúria. Nossos conhecimentos fizeram-nos céticos; nossa inteligência, empedernidos e cruéis. Pensamos em demasia e sentimos bem pouco. Mais do que de máquinas, precisamos de humanidade. Mais do que de inteligência, precisamos de afeição e doçura. Sem essas virtudes, a vida será de violência e tudo será perdido.

---

* O filme *O grande ditador* foi o primeiro filme falado. Chaplin interpreta dois papéis opostos: o do barbeiro judeu, enfrentando tropas de choque e perseguição religiosa, e o grande ditador Hynkel, uma sátira a Hittler. O clímax do filme é o discurso.

A aviação e o rádio aproximaram-nos muito mais. A própria natureza dessas coisas é um apelo eloqüente à bondade do homem... um apelo à fraternidade universal... à união de todos nós. Neste mesmo instante a minha voz chega a milhões de pessoas pelo mundo afora... milhões de desesperados, homens, mulheres, criancinhas... vítimas de um sistema que tortura seres humanos e encarcera inocentes. Aos que me podem ouvir eu digo: "Não desespereis!" A desgraça que tem caído sobre nós não é mais do que o produto da cobiça em agonia... da amargura de homens que temem o avanço do progresso humano. Os homens que odeiam desaparecerão, os ditadores sucumbem e o poder que do povo arrebataram há de retornar ao povo. E assim, enquanto morrem homens, a liberdade nunca perecerá.

Soldados! Não vos entregueis a esses brutais... que vos desprezam... que vos escravizam... que arregimentam as vossas vidas... que ditam os vossos atos, as vossas idéias e os vossos sentimentos! Que vos fazem marchar ao mesmo passo, que vos submetem a uma alimentação regrada, que vos tratam como um gado humano e que vos utilizam como carne para canhão! Não sois máquina! Homens é que sois! E com o amor da humanidade em vossas almas! Não odieis! Só odeiam os que não se fazem amar... os que não se fazem amar e os inumanos!

Soldados! Não batalheis pela escravidão! Lutai pela liberdade! No décimo sétimo capítulo de São Lucas é escrito que o Reino de Deus está dentro do homem – não de um só homem ou um grupo de homens, mas dos homens todos! Está em vós! Vós, o povo, tendes o poder – o poder de criar máquinas. O poder de criar felicidade! Vós, o povo, tendes o poder de tornar esta vida livre e bela... de fazê-la uma aventura maravilhosa. Portanto – em nome da democracia – usemos desse poder, unamo-nos todos nós. Lutemos por um mundo novo... um mundo bom que a todos assegure o ensejo de trabalho, que dê futuro à mocidade e segurança à velhice.

É pela promessa de tais coisas que desalmados têm subido ao poder. Mas só nos têm enganado. Não cumprem o que prometem. Jamais o cumprirão!

Os ditadores liberam-se, porém escravizam o povo. Lutemos agora para libertar o mundo, abater as fronteiras nacionais, dar fim à ganância, ao ódio e à prepotência. Lutemos por um mundo de razão, um mundo em que a ciência e o progresso conduzam à felicidade de todos nós. Soldados, em nome da democracia, unamo-nos!

Hannah, está me ouvindo? Onde te encontres, levanta os olhos! Vês, Hannah? O sol vai rompendo as nuvens que se dispersam! Estamos saindo da treva para a luz! Vamos entrando num mundo novo – um mundo melhor, em que os homens estarão acima da cobiça, do ódio e da brutalidade. Ergue os olhos, Hannah! A alma do homem ganhou asa e afinal começa a voar. Voa para o arco-íris, para a luz da esperança. Ergue os olhos, Hannah! Ergue os olhos!

SUGESTÃO DE ATIVIDADE – III

Objetivos:

- Perceber que os valores éticos são relacionados entre si. Identificar a vida e a paz como dois macrovalores básicos.
- Buscar conhecer pessoas que contribuíram de forma mais ampla para a construção de uma sociedade mundial pacífica.

Procedimentos:

a) Formar pequenos grupos e, após a leitura do texto, pedir aos alunos que identifiquem valores tais como: liberdade, generosidade, fraternidade, justiça e respeito.

b) Discutir com toda a turma sobre como esses valores se inter-relacionam.

c) Pesquisar e selecionar pessoas que foram agraciadas com o Prêmio Nobel da Paz.

d) Apresentar para a turma os selecionados, como viveram ou vivem e de que forma cada um contribuiu ou ainda contribui para a paz.

e) Você conhece alguém ou alguma instituição que desenvolve algum trabalho para a paz ? Caso conheça faça contato e apresente para a turma.

--------------------LEITURA ILUSTRATIVA--------------------

Os Estatutos do Homem (Ato Institucional Permanente)
A Carlos Heitor Cony – Thiago de Mello

Artigo I
Fica decretado que agora vale a verdade,
que agora vale a vida,
e que de mãos dadas,
trabalharemos todos pela vida verdadeira.

Artigo II
Fica decretado que todos os dias da semana,
inclusive as terças-feiras mais cinzentas,
têm direito a converter-se em manhãs de domingo.

Artigo III
Fica decretado que, a partir deste instante,
haverá girassóis em todas as janelas,
que os girassóis terão direito
a abrir-se dentro da sombra;
e que as janelas devem permanecer, o dia inteiro,
abertas para o verde onde cresce a esperança.

Artigo IV
Fica decretado que o homem
não precisará nunca mais
duvidar do homem.
Que o homem confiará no homem
como a palmeira confia no vento,
como o vento confia no ar,
como o ar confia no campo azul do céu.

Parágrafo Único:
O homem confiará no homem
como um menino confia em outro menino.

Artigo V
Fica decretado que os homens
estão livres do jugo da mentira.
Nunca mais será preciso usar
a couraça do silêncio
nem a armadura de palavras.
O homem se sentará à mesa
com seu olhar limpo
porque a verdade passará a ser servida
antes da sobremesa.

Artigo VI
Fica estabelecida, durante dez séculos,
a prática sonhada pelo profeta Isaías,
e o lobo e o cordeiro pastarão juntos
e a comida de ambos terá o mesmo gosto de aurora.

Artigo VII
Por decreto irrevogável fica estabelecido
o reinado permanente da justiça e da claridade,
e a alegria será uma bandeira generosa
para sempre desfraldada na alma do povo.

Artigo VIII
Fica decretado que a maior dor
sempre foi e será sempre
não poder dar-se amor a quem se ama
e saber que é a água
que dá à planta o milagre da flor.

Artigo IX
Fica permitido que o pão de cada dia
tenha no homem o sinal de seu suor.
Mas que sobretudo tenha sempre
o quente sabor da ternura.

Artigo X
Fica permitido a qualquer pessoa,
a qualquer hora da vida,
o uso do traje branco.

Artigo XI
Fica decretado, por definição,
que o homem é um animal que ama
e que por isso é belo,
muito mais belo que a estrela da manhã.

Artigo XII
Decreta-se que nada será obrigado nem proibido.
Tudo será permitido,
inclusive brincar com os rinocerontes
e caminhar pelas tardes
com uma imensa begônia na lapela.

Parágrafo único:
Só uma coisa fica proibida:
amar sem amor.

Artigo XIII
Fica decretado que o dinheiro
não poderá nunca mais comprar

o sol das manhãs vindouras.
Expulso do grande baú do medo,
o dinheiro se transformará em uma espada fraternal
para defender o direito de cantar
e a festa do dia que chegou.

Artigo Final
Fica proibido o uso da palavra liberdade,
a qual será suprimida dos dicionários
e do pântano enganoso das bocas.
A partir deste instante
a liberdade será algo vivo e transparente
como um fogo ou um rio,
e a sua morada será sempre
o coração do homem.
Santiago do Chile, abril de 1964.

MELLO, Thiago de. *Faz escuro mas eu canto: porque a manhã vai chegar*. 16 ed. Rio de Janeiro: Civilização Brasileira, 1997.

SUGESTÃO DE ATIVIDADE – IV

Objetivo:

- Valorizar as expressões, as manifestações voltadas para a construção de uma sociedade mundial mais justa, baseada no respeito dos direitos humanos individuais e coletivos.

Procedimentos:

a) Leitura e discussão do texto em conjunto. Listar no quadro os valores éticos que aparecem nos versos.

b) Montar com os alunos uma coreografia para ser apresentada na escola ou em outros locais da sua comunidade. (Alunos, manifestem-se coporalmente!)

LEITURA ILUSTRATIVA

Preocupações de uma velhinha

Luiz Vilela

Se o ronco de um quadrimotor rompe a calma da manhã, os olhos da velhinha se erguem assustados do canteiro de couves para o céu, onde o monstro de metal passa com imponência aterradora, cintilando ao sol, e de sua mão pende por um momento o velho regador de lata, que ela pousa depois lentamente no chão, quando o som já se perdeu e a distância apagou o minúsculo ponto no azul; e então ela olha para os canteiros, seus canteiros, que ela rega toda manhã e de tempos em tempos cava com a enxadinha e semeia, ela olha e tem medo, seu coração, que já morreu em muitas mortes e que sempre ressuscitou com a valentia de uma planta rebelde, parece agora temer coisas jamais vistas, coisas obscuras e terríveis que lhe anunciam o ronco do avião sobre sua cabeça, as notícias que os olhos, num intervalo do croche, vão tenteando decifrar no jornal largado sobre a mesa, ou os ouvidos atentos recolhem das conversas.

– Antero, os chineses são gente má?...

– Os chineses? Por quê? São gente feito nós mesmos.

– Hoje li no jornal que eles estão matando muita gente...

– É guerra, Mamãe.

– Guerra pra quê?

– Pra quê; guerra, uai, um é inimigo do outro e quer destruir o outro.

Guerra que lembra é a do Paraguai, era menina ainda, o pai contando histórias, umas bonitas, outras tristes – mas não parecia matarem tanta gente. Depois outra guerra, muito longe, e depois, mais perto, a guerra da Itália, quando diziam que o Jaime podia ser chamado a qualquer hora e em que o Amadeu foi, tinha até um retrato dele vestido de soldado – mas essa guerra ficava noutras terras, a milhares de léguas de distância, e era preciso ir de navio ou avião, pois tinha o mar. Agora era esquisito, parecia que a guerra estava em toda parte (tantos nomes de lugares que ela nunca tinha ouvido falar), no mundo inteiro – e decerto de uma hora para outra estaria ali também na cidade, no meio deles, aviões jogando bombas, soldados atirando nas pessoas, e as casas pegando fogo, sangue e gente morta nas ruas.

– O Brasil também está na guerra?...

– O Brasil? Não.

– Então como que eu li que foi um batalhão de soldados brasileiros para um lugar estrangeiro...

– Onde? Ah, isso é outra coisa, Mamãe; é guerra, mas não é o Brasil, é a ONU, um batalhão de soldados do mundo inteiro, vários países, mesmo quem não está na guerra; é para acabar com a guerra, entende?

Diz que entende e pára de falar; depois ela vai pensar sozinha para ver se entendeu mesmo, mas agora não está entendendo: pois se não está na guerra, então pra que mandar soldado? Mas não gosta de perguntar aos filhos, eles não gostam de explicar, dizem que é muito complicado, a senhora não entende, Mamãe. Mas tem hora que dá uma comichão na língua e, quando vê, já está falando:

– Quê que é belico?

– Bélico: acento no é. Bélico é guerra, coisas de guerra.

– Material bélico...

– Fuzil, metralhadora, canhão, tanque, morteiro, tudo isso.

– Morteiro? Uai, essa eu não tinha ouvido falar não, é arma também? Como que ela é?

– A senhora anda curiosa, hem Mamãe; pra que que a senhora quer saber? É arma de matar, destruir; é um cano, a gente joga a bomba dentro, e o cano joga a bomba pra longe, e ela explode, morteiro é isso.

Tomou uma chamada, bem feito, quem mandou ela ficar perguntando? Sabe que eles não gostam de explicar, já tomou várias chamadas e não aprende; mas é que dá uma comichão e, quando vê – ainda bem que tem hora que segura e não fala: melhor deixar para quando estiver sozinha no quarto, de noite, no escuro, antes de deitar; aí vai pensando devagarinho e repetindo o que leu ou falaram para ela: mas quanto mais pensa, mais fica tudo embaralhado na sua cabeça. Às vezes reza a Deus, pedindo que Ele ajude seu entendimento, mas o que sente é que as coisas no mundo ficaram tão complicadas que nem mesmo Deus pode mais entender direito; sente como se Ele também estivesse numa confusão e num medo, igual ela, aquele medo que estava agora dia e noite com ela: era como se, de uma hora para outra, uma coisa terrível fosse acontecer e acabar com tudo o que havia de bom na terra. De manhã, ao acordar, lembrava-se de sua hortinha, suas couves, alfaces, tomates, cebolas, moranguinhos: estariam lá ainda, no mesmo lugar, do mesmo jeito, ou encontraria apenas um montão de cinzas cheio de braços e pernas de gente, cabeças, orelhas, olhos esbugalhados, como vira no sonho?

Ontem, Cidinho, o netinho maior, na hora que ela estava aguando, entrou na horta com um estranho objeto na mão, uma arma que ele falou o nome mas ela não entendeu e que bastava puxar o gatilho que ela e a horta desapareceriam na mesma hora; ele falou que ia puxar; ela pediu pelo amor de

Deus que não fizesse isso; ele puxou e então houve um estalo, mas nada aconteceu, e ele ficou rindo dela e dizendo "Vovó boba, Vovó boba", e depois saiu de afasta, continuando a rir dela e a dar tiros. Ela ficou parada entre dois canteiros, o coração ainda batendo forte do susto, as pernas trêmulas, e ao olhar para as suas couves, verdinhas e viçosas, começou a chorar – era boba mesmo, era boba.

VILELA, Luiz. *Tarde da Noite*. 5 ed. São Paulo: Ática, 1999. Coleção de Autores Brasileiros – 68.

SUGESTÃO DE ATIVIDADE – V

Objetivo:

• Adquirir atitudes de respeito e diálogo para com pessoas de outra geração, visando a uma convivência pacífica e harmoniosa.

Procedimentos:

a) Convidar uma ou mais pessoas, que já viveram situações de guerra, de revolução, de tortura em época de ditadura, ou outra forma de violência para dar seu depoimento e seu testemunho.

b) Fazer uma avaliação com os alunos após o encontro/ entrevista para que se manifestem sobre como se sentiram, o que mais chamou a atenção e o que puderam aprender.

c) Assistir ao documentário *Querida América – Cartas do Vietnã*. Depoimentos reais, documentados em cartas que os soldados escreviam a suas famílias e narrados por artistas do cinema. Direção: Bill Couturie/1987.

Quero ser do bem

O que é "o bem" e o que é "o mal"? Essa indagação tem sido feita desde os primórdios da humanidade, e, em cada período da história, os homens buscaram respostas, formularam teorias. Inicialmente os filósofos gregos, depois os filósofos cristãos, os pensadores ou filósofos do período moderno, todos sempre se preocuparam e se ocuparam em compreender e explicar "o bem" e "a mal".

No momento contemporâneo no qual vivemos, "o bem e o mal" têm sido entendidos de uma maneira mais relativa, isto é, considerando mais as relações sociais, tendo como foco principal a convivência harmônica entre os homens. Então, o bem e o mal são qualidades atribuídas às atitudes, aos comportamentos dos indivíduos, levando-se em conta a situação, o contexto em que os atos são praticados. Apesar dessa compreensão, as pessoas continuam tendo conflitos na hora de agirem desta ou daquela maneira, têm dúvidas se estão escolhendo bem ou mal para si mesmas e com relação aos outros com os quais convivem.

A ética é uma área do conhecimento filosófico e tem como objeto, justamente, a análise e a reflexão do conflito entre o bem e o mal, diante das ações, dos comportamentos e nas escolhas de atitudes feitas no dia-a-dia de cada pessoa. Podemos dizer que a ética ilumina, amplia a consciência, investiga a existência dos homens tanto no campo do comportamento individual como no coletivo.

"Ser do bem", levar uma vida ética significa ter a capacidade de refletir sobre si mesmo e sobre os outros, usando da vontade, do desejo, da responsabilidade e da liberdade para se conduzir.

Conta-se que a enchente veio com a chuva. Então o escorpião fez um acordo com o besouro dizendo que não o picaria com seu veneno se ele o atravessasse para a outra margem do rio. Tão logo iniciou a travessia, o escorpião picou o besouro aplicando seu veneno mortal, e os dois morreram. Dizem que o escorpião havia seguido a sua sina, seus instintos, sua natureza. Será? Não é só o escorpião que tem veneno, e nem todos são mortais. Entre os animais uns têm mais, outros menos veneno, mas todos têm suas defesas, sua agressividade.

Quem sabe podemos contar a estória do escorpião de outras maneiras?

Um dia estava o sapo à margem do rio, muito tranqüilo e à vontade, quando surgiu o escorpião muito aflito e afobado porque tinha alguns compromissos na outra margem.

O escorpião se gabava, entre os bichos da floresta, de sua fama de mau; pensava que ser temido era a mesma coisa que ser respeitado. É que o escorpião só conseguia se destacar e ser reconhecido junto a sua comunidade pelo mal que podia provocar. Os bichos diziam que o escorpião tinha medo do amor, de ser "dominado", de ficar enfraquecido. No entanto, ele, muitas vezes, percebia que sentia falta de ser, querido, gostado, amado, mas isso era sinal de fraqueza. E o medo de se passar por bobo diante de todos? Valor era ser temido, "ser respeitado" e conseqüentemente poderoso.

Porém, as dificuldades e a fragilidade apareceram logo. Tão temido e poderoso não sabia nadar. Naquele momento dependia de ser humilde, de pedir ajuda e contar com a cooperação e boa vontade do sapo. Aproximou-se e com muito jeito solicitou ao sapo uma carona até a outra margem do rio. O sapo ficou muito desconfiado, arisco mesmo, porque sabia que o escorpião era tido como sem escrúpulos, traidor, pouco confiável, só pensava em si mesmo e poderia pôr em risco a sua vida durante o trajeto. O sapo falou para o escorpião do seu temor, do seu receio com relação às atitudes já conhecidas dele. O escorpião logo se apressou em dizer que não se preocupasse, jurou, prometeu não picá-lo.

E se foram. O escorpião sentiu-se confortável, gostando mesmo de ficar assim pertinho do sapo, navegando... Porém, quando deslizavam para lá do meio do rio, o sapo percebeu o escorpião meio agitado, irrequieto em suas costas. Mais que depressa o sapo tratou de alertar o escorpião, para que ele controlasse seu rabinho venenoso, pois, caso ele o picasse, morreriam os dois. Ordenou ao escorpião que saltasse fora imediatamente das suas costas para qualquer galho de árvore se não quisesse morrer, pois ele iria mergulhar e atravessar o rio muito seguro. O escorpião, que não sabia nadar, entrou em pânico, agarrou-se ao galho mais próximo e desceu rio abaixo com a correnteza.

Assim que chegou à margem, o sapo gritou para o escorpião em alto e bom som:

– Não se trai companheiros! Ser gentil, solidário, generoso, cooperar não significa ser bobo!

Esta não é uma estória só de bichos-bichos. É também de bichos-gente!

Um professor e seu aluno voltavam juntos para casa conversando animadamente, distraídos. Quando passavam sobre a pequena ponte de madeira que cruzava o riacho, avistaram, próximo à margem, um escorpião se afogando, se debatendo, sendo levado pela correnteza. O professor apressou-se, correu até o rio, pegou o animalzinho com as mãos e, diante do olhar assustado do aluno, veio trazendo-o para fora d'água quando sentiu a forte picada. Diante da dor forte o professor soltou o escorpião e este tornou a cair nas águas. Rapidamente ele correu até a margem do rio, apanhou um galhinho de árvore e com ele salvou o escorpião da água.

Retornou à companhia do aluno, que, apesar de preocupado em levá-lo a um posto de saúde, ficou intrigado o bastante para perguntar de imediato:

– Professor, como pode querer salvar um bicho ruim e venenoso como este? Depois, se não bastasse, ele te pica e você ainda volta para socorrê-lo?

– O escorpião agiu conforme sua natureza, e eu, de acordo com a minha.

Os bichos-gente são a espécie mais evoluída da Terra. Podem escolher usar a sua "natureza" para o bem ou para o mal. Podem transformar as próprias dificuldades em virtudes e viverem todos melhor. Isso é ser ético, é ser do bem.

Sugestão de filmes

☞ A corrente do bem

Direção: Mimi Leder (2000)

Eugene Simonet é um professor de Estudos Sociais cuja vida está na mais perfeita ordem, tudo e todos em seus devidos lugares.

Um dia ele resolve pedir um trabalho aos seus alunos. Trevor, que está nessa turma, propõe uma espécie de corrente do bem onde cada pessoa faria um favor a outras três e estas também fariam a mesma coisa, sem pedir nada em troca.

O favor que cada um presta tem que ser algo que as pessoas não podem fazer por si próprias.

Com isso, Trevor busca ajudar sua própria família que se resume em sua mãe Arlene McKinney, uma mulher corajosa e trabalhadora.

☞ Filhos do paraíso

Direção: Majid Majidi (1998)

Alí é um garoto de nove anos que perde o sapato recém-consertado da irmã, Zahra, quando ia para a escola. Filhos de pais humildes, decidem não contar o ocorrido e revezam o único par de sapatos restante, enquanto que Alí tenta ganhar o prêmio de terceiro lugar numa maratona, onde a premiação é um par de sapatos. (É um filme Islâmico)

☞ Gandhi

Direção: Richard Attenborough (1982)

Gandhi não foi um monarca de nações, nem tinha dons científicos. Apesar de pequeno, esse homem modesto fez o que nenhum outro conseguiu antes. Ele liderou um país inteiro à liberdade – ele deu esperança a seu povo. A história de Gandhi, o homem do século, é contada nesse filme. Essa obra prima levou 20 anos para ser concluída. Uma visão do coração e da alma de um homem, *Gandhi* é um clássico épico atemporal, assim como o espírito do próprio *Gandhi*.

☞ Um Grito de Liberdade

Direção: Richard Attenborough (1987)

Uma história verídica da amizade que abalou a África do Sul e despertou o mundo. A tensão e o terror que é a África do Sul hoje são fortemente retratados na tocante história do ativista negro Stephen Biko e de Donald Woods, editor branco de um jornal liberal, que arrisca sua vida para mostrar a história de Biko para o mundo. Nesse explosivo e emocionante filme, Woods percebe lentamente os verdadeiros horrores do *apartheid*, através dos olhos de Biko.

☞ Platoon

Direção: Oliver Stone (1986)

Somente após chegar ao Vietnã é que Chris Taylor percebe que a guerra é uma terrível realidade. Designado para as tropas "CIA", Bravo é jogado a uma vida infernal. A camaradagem é expressa através das drogas e brutalidade ocasional, mas a tropa tem que tomar partido entre os dois sargentos: o sangue frio é o calejado Barnes e, o mais humano, Elias, dois homens com a mesma experiência cujos conflitos pessoais confundem os soldados numa batalha infernal de vida ou de morte.

☞ A confissão

Direção: David Jones (1998)

A morte de um filho... A vingança de um pai... Até que ponto você chegaria?

O que você faria ao ver seu único filho morrer em seus próprios braços na sala de emergência de um hospital, por negligência? Fertig vai até as últimas conseqüências.

☞ Bicho de sete cabeças

Direção: Laís Bodanzky (2001)

Inspirado no livro *Canto dos malditos*, de Austregésilo Carrano Bueno. O jovem Neto gosta de desafiar o perigo e comete rebeldias incompreendidas pelos pais, como pichar os muros da cidade com os amigos, usar brinco e fumar maconha de vez em quando. Muito aflitos com suas experiências e sentindo que estão perdendo o controle, sem saber como lidar com a situação, os pais resolvem trancafiá-lo num hospital psiquiátrico. No manicômio, Neto conhece uma realidade desumana.

☞ Um ato de coragem

Direção: Nick Cassavetes (2002)

John Q. é trabalhador de uma fábrica e dedicado chefe de família. Um dia, porém, seu garoto passa mal e é internado às pressas. Os exames revelam um problema grave no coração e ele precisa de um transplante urgente. Ocorre que essa é uma operação muito cara e o plano de saúde de John não cobre. Correndo contra o tempo e sem dinheiro para pagar a cirurgia, John procura a direção do hospital, órgãos governamentais e associações civis, coloca tudo o que tem em casa à venda. Mas, infelizmente, é em vão! O hospital vai mandar o garoto para casa e selar seu destino. John, então, toma uma atitude radical: invade o setor de emergência do hospital, faz médicos e pacientes reféns, na tentativa de obrigá-los a realizar o transplante em seu filho. Logo o hospital está cercado pela imprensa, pelo público e pela polícia. John não sabe como tudo terminará!

☞ Horizonte perdido

Direção: Charles Jarrot (USA, 1972)

Versão em musical/colorido

Esse filme é baseado no *best-seller* do britânico James Hilton *Horizonte perdido*. O filme fez o nome Shangri-lá ser conhecido no imaginário ocidental.

Um cônsul britânico Robert Conway e mais quatro passageiros americanos e britânicos viajam pela China em guerra e sofrem um acidente aéreo, caindo no Tibete, nas montanhas do Himalaia. O grupo é socorrido por uma comunidade montanhesa e conduzido para um mosteiro, na cidade fantástica de Shangri-lá. Nesse local os hóspedes socorridos aprendem com os lamas a repensar o sentido da vida, viver em paz, com moderação, equilíbrio e outros valores.

A primeira versão de *Horizonte perdido* (USA, 1937) é em preto e branco, com direção de Frank Capra. O DVD é deste clássico, original.

☞ Diários de Motocicleta

Direção: Walter Sales (2003)

Sinopse: Adaptação para o cinema do diário de Che Guevara, antes de se tornar líder revolucionário. Conta a história do jovem (na época com 23 anos) e sua viagem de oito meses pela América Latina, iniciada na Argentina (seu país de origem) até a Venezuela. Nessa viagem, em companhia do amigo Alberto Granado, começou a ter contato com a realidade do povo da região e das injustiças e misérias que o aflingia.

Referências e bibliografia consultada

ABBAGNANO, Nicola. *Dicionário de Filosofia*. São Paulo: Martins Fontes.

ALVES, José Moysés. "Histórias em Quadrinhos e Educação Infantil". In: *Revista Psicologia, Ciência e Profissão*, 2001, ano 21, n. 3.

ALVES, Rubem. "E aí?" *Cartas aos adolescentes e a seus pais*. 4ª ed. São Paulo: Papirus, 2001.

ANDRADE, Carlos Drummond de. *História de dois amores*. (Infanto Juvenil) Narrado por Odete Lara. Rio de Janeiro: Luz da Cidade Produções Artísticas, Fonográfica e Editoriais Ltda, 2000. <http://www.luzdacidade.com.br>

ANDRADE, Carlos D. de; MEIRELLES, Cecília; QUEIROZ, Dinah Silveira de; SABINO, Fernando; BANDEIRA, Manuel; CAMPOS, Paulo Mendes; BRAGA, Rubem. *Quadrante 2*. 2ª ed. Rio de Janeiro: Editora do Autor, 1963.

ARANHA, Maria Lúcia de Arruda e MARTINS, Maria Helena Pires. *Filosofando – Introdução à Filosofia*. 2ª ed. São Paulo: Moderna, 1993.

BOFF, Leonardo. *A águia e a galinha – Uma metáfora da condição humana*. 35ª ed. Petrópolis: Vozes, 2000.

BOFF, Leonardo. *Tempo de Transcendência – O ser humano como um projeto infinito*. Rio de Janeiro: Sextante, 2000.

BOJUNGA, Lygia. *A casa da madrinha*. Ilustrações de Regina Yolanda. Rio de Janeiro: Agir, 2000.

BRANDER, Nathaniel. *Auto-estima – Como aprender a gostar de si mesmo*. 10ª ed. São Paulo: Saraiva, 1993.

BRIGGS, Dorothy Corkille. *A auto-estima do seu filho*. São Paulo: Martins Fontes, 2000.

CAMPS, V. *Los valores de la educaction*. Alanda – Madrid: Grupo Anaya, 1994.

CARBONELL, Jaume. *La escuela: entre la utopia e la realidad – Diez Temas de Sociologia de La Educación*. 1ª ed. Barcelona/Espanã: Eumo Editorial. Ediciones Octaedro, out. 1996.

CHAUÍ, Marilena. *Convite à Filosofia*. 12ª ed. São Paulo: Ática, 2000.

COLASSANTI, Marina. *A moça tecelã e outras histórias*. (Infanto Juvenil) Rio de Janeiro: Luz da Cidade Produções Artísticas Fonográfica e Editoriais Ltda, 2000. <http://www.luzdacidade.com.br>

CORTINA, D. *10 Palabras clave em ética*. Espanha: Verbo Divino, 1994.

FISHER, Robert. *O cavaleiro preso na armadura – Uma fábula para quem busca a trilha da verdade*. Rio de Janeiro: Nova Era, 2001.

FRANCIA, Alfonso e OVIEDO, Otília. *Educar através de fábulas*. 1ª ed. Portugal: Paulus Editora, 1998.

FULLER, Lon L. e ANTÔNIO, Sérgio. *O caso dos exploradores de cavernas*. Porto Alegre: Fabris Editor, 1976. Tradução do original inglês e introdução por Plauto Faraco de Azevedo.

GABRIEL, Paulo. *A origem da vida*. Belo Horizonte: Santa Clara, 2000.

COGO, Denise; GOMES, Pedro Gilberto. *Televisão, Escola e Juventude*. Porto Alegre: Mediação, 2001.

GUINÉ, Bernardo Dania. *Ops! Aprendendo a viver, com aids*. Belo Horizonte: Editora Autêntica, 2000.

HARRIS, Nathaniel. *Vida e Obra de Dali*. Local: Ediouro S. A. Uma Copilação de Obras da Bridgeman Art Library, 1995.

JÚNIOR, José Geraldo de Sousa (Org.). *O Direito Achado na Rua*. Curso de Extensão Universitária à Distância – Núcleo de Estudos para a Paz e Direitos Humanos – Editora Universidade de Brasília, 1990.

LISPECTOR, Clarice. *A mulher que matou os peixes*. (Infanto Juvenil). Narrado por Zezé Polessa. Rio de Janeiro: Luz da Cidade Produções Artísticas, Fonográfica e Editoriais Ltda, 2000. <http://www.luzdacidade.com.br>

LISPECTOR, Clarice. *Doze lendas brasileiras*. (Infanto Juvenil) Rio de Janeiro: Luz da Cidade Produções Artísticas, Fonográfica e Editoriais Ltda, 2000. <http://www.luzdacidade.com.br>

MALDONADO, Maria Tereza. *Histórias da vida inteira: um guia para reflexão e trabalho de evolução pessoal para gente de todas as idades*. Ilustração de Miriam Podlubny. 7ª ed. São Paulo: Saraiva, 2001.

MARTINS, Georgina da Costa. *O menino que brincava de ser*. Ilustrações Pinky Wainer. São Paulo: Difusão Cultural do Livro, 2000.

MEIRELES, Cecília. *Escolha o seu sonho*. 24ª ed. Rio de Janeiro: Record, 2001.

MELLO, Thiago de. *Faz escuro mas eu canto: porque a manhã vai chegar*. Rio de Janeiro: Civilização Brasileira, 16ª ed., 1997.

MELLONE, Carolina. *Meus pais estão se separando... E eu com isso?* São Paulo: O Nome da Rosa, 1999.

PRIETO, Heloísa. *O livro dos medos*. São Paulo: Companhia das Letrinhas, 2001.

QUINO. *Mafalda 5*. Versão brasileira de Henfil & Mouzar. São Paulo: Global, 1982.

QUINO. *Mafalda, inédita*. 2ª ed. São Paulo: Martins Fontes, 1997.

RANGEL, Flávio e FERNANDES, Millôr. *Liberdade, liberdade*. Porto Alegre: L&PM, v. 18, 2000. (Coleção L&PM POCKET)

REALE, Miguel. *Lições preliminares de direito*. 18ª ed. São Paulo: Saraiva, 1991.

REY, Marcos. *O coração roubado e outras crônicas*. 2ª ed, v. 19. São Paulo: Ática, 1998. (Coleção Para Gostar de Ler).

RIBEIRO, Jonas e NEVES, André. *A aids e alguns fantasmas no Diário de Rodrigo*. São Paulo: Elementar, 2001.

"Salvador Dali" Exploring the Irrational. New York: Edmund Swinglehurst Todtri Productions Limited, 1996.

SCLIAR, Moacyr. *O imaginário cotidiano*. São Paulo: Global, 2001.

SERRANO, Glória Pérez. *Educação em valores: como educar para a democracia*. 2ª ed. Porto Alegre: Artmed Editora S.A., 2002.

SOUZA, Geraldo Eustáquio de. *Eu comigo aqui e agora*. Ilustrações de Renato César, 4. ed. Belo Horizonte: Cia para Crescer Ltda, 1989.

STOLTENBORG, Tini Schoenmaker. *Ser Voluntário. Quem? Eu?! – Reflexões para os nossos dias*. Campinas: Komedi, 2001.

VILELA, Luiz. *Tarde da Noite*. Coleção de Autores Brasileiros, n. 68. 5ª ed. São Paulo: Ática, 1999.

WEIL, Pierre. *A mudança de sentido e o sentido da mudança*. Rio de Janeiro: Rosa dos Tempos, 2000.

WONSOVICZ, Sílvio e CONZATTI, Odete. "Coleção Espaço Filosófico Criativo", 2ª ed., Florianópolis: Editora Sophos, 2000.

A autora

FOTO: ANDRÉ BRANT – AGÊNCIA 1º PLANO

Márcia Botelho Fagundes é mineira de Belo Horizonte, formada em Psicologia com especialização em Psicologia Clínica e Educacional. Tem mais de 20 anos de experiência no atendimento clínico a adolescentes e famílias. Desenvolve trabalhos em escolas como orientadora, ministra cursos, oficinas de ética, palestras para pais, alunos e professores.

Tem vários artigos publicados em revistas na área de educação; produziu e apresentou o programa Vôo Livre, na TVE de Minas Gerais, abordando temas ligados à adolescência.

Livros publicados: *Aprendendo valores éticos*, Editora Autêntica (2000), 4ª ed.; *Adolescência* (1992); *Relacionamento de ajuda* (1994); *Escolha da profissão* (1997) para o público infanto-juvenil e escritos em parceria com André Carvalho (Editora Lê), coleção "Pergunte ao José".

Qualquer livro do nosso catálogo não
encontrado nas livrarias pode ser pedido
por carta, fax, telefone ou pela Internet.

Autêntica Editora

Rua São Bartolomeu, 160 – Nova Floresta

Belo Horizonte-MG – CEP: 31140-290

Telefone: (31) 3423 3022

Fax: (31) 3446 2999

e-mail: vendas@autenticaeditora.com.br

Visite a loja da Autêntica na Internet:
www.autenticaeditora.com.br
ou ligue gratuitamente para
0800-2831322